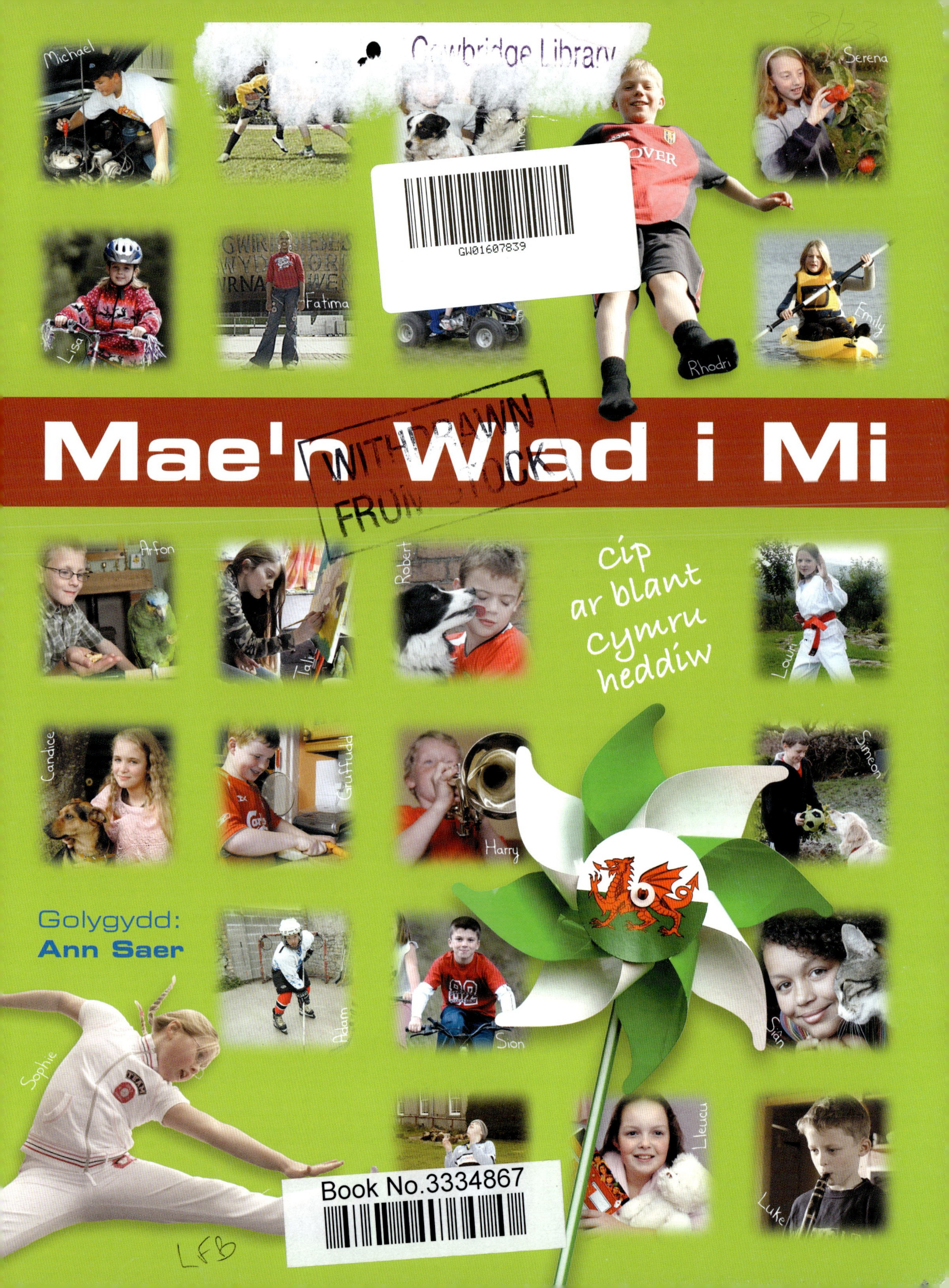

Cowbridge Library

GW01607839

Mae'n Wlad i Mi

WITHDRAWN FROM STOCK

cip ar blant cymru heddiw

Golygydd:
Ann Saer

Book No.3334867

LFB

"Pan fydda i'n dringo i'r tŷ pen coeden, dw i'n gallu gweld ar draws ein caeau ni am filltiroedd ..." Rhys

"Mynd i dŷ Nain yw 'mheth gorau i." Llinos

Cyhoeddwyd yn 2006 gan
Wasg Gomer, Llandysul, Ceredigion SA44 4JL

ISBN 1 84323 425 4
ISBN 13 9781843234258

ⓗ Gwasg Gomer © 2006

Cedwir pob hawl. Ni chaniateir atgynhyrchu unrhyw ran o'r cyhoeddiad hwn, na'i gadw mewn cyfundrefn adferadwy, na'i drosglwyddo mewn unrhyw ddull na thrwy unrhyw gyfrwng, electronig, electrostatig, tâp magnetig, mecanyddol, ffotogopïo, recordio, nac fel arall, heb ganiatâd ymlaen llaw gan y cyhoeddwyr.

Yr un eithriad i'r canllawiau uchod yw tudalennau 54-55. Mae croeso i unigolion neu ysgolion lungopïo'r ddwy dudalen er mwyn i blant gael llunio eu portreadau eu hunain. Gallwch lawrlwytho fersiwn lliw o'r cynllun yn rhad ac am ddim oddi ar wefan Gomer, sef www.gomer.co.uk

Cyhoeddwyd dan nawdd Cynllun Cyhoeddiadau Cyd-bwyllgor Addysg Cymru

Noddwyd gan Lywodraeth Cynulliad Cymru

Argraffwyd a rhwymwyd yng Nghymru
gan Wasg Gomer, Llandysul, Ceredigion

Croeso!

"Fi'n berson sy'n joio bywyd, ar y cyfan. Efallai bo fi'n siarad tamed bach gormod yn yr ysgol weithiau ..." Arfon

Beth yw hoff weithgareddau plant? Ble mae eu hoff lefydd yng Nghymru? Pa enwau maen nhw'n rhoi i'w hanifeiliaid anwes? Oes ganddyn nhw freuddwydion ar gyfer y dyfodol? Beth yw eu barn am yr ysgol? Beth yw eu hoff fwydydd? Beth maen nhw'n ei ddweud am eu teuluoedd, eu cartrefi, eu pentrefi neu drefi?

Cewch wybod yr atebion i'r cwestiynau hyn drwy ddarllen y llyfr hwn. Fe ddewch hefyd i adnabod criw o blant a fu'n fwy na pharod i siarad amdanyn nhw eu hunain a rhannu eu bywydau prysur.

Byddai wedi bod yn amhosib cynnwys popeth mae plant Cymru yn ei wybod! O karate i ffermio wystrys, o farddoniaeth i braille – mae'r amrywiaeth o bynciau sy'n diddori'r cyfranwyr ifanc yn rhyfeddol. Felly yr hyn wnaethon ni oedd rhoi pytiau o wybodaeth a sôn am rai o'r llyfrau, gwefannau a ffynonellau gwybodaeth mae nifer o'r plant yn eu defnyddio gartref neu yn yr ysgol. Edrycha i weld beth rwyt TI yn ei wybod yn y paneli gwybodaeth hyn – mae un yn ymyl pob portread o blentyn. Gelli di hefyd ddod yn arbenigwr ar Gymru!

A wyddost ti?

- **Cymru wyllt**
Mae bron pob plentyn yn y llyfr hwn wedi mwynhau treulio amser yn rhywle hardd – ger y môr, mewn gwarchodfa natur neu ar ben mynydd. Maen nhw wedi bod yn gwylio adar, yn rhedeg i fyny mynyddoedd, yn beicio o gwmpas parciau ac yn archwilio creaduriaid o dan y môr.

- **Hanes o dy gwmpas**
Mae hanes hir y tu ôl i bob erw o dir Cymru – mae'r plant yn gwybod llawer am gestyll, peiriannau stêm, tywysogion Cymreig, pontydd enwog, ogofeydd a ffyrdd y porthmyn.

- **Arwyr**
Weithiau mae arwyr yn arweinwyr neu'n ddyfeiswyr gwych o'r gorffennol, weithiau maen nhw'n bobl o fyd chwaraeon heddiw. Dro arall, yn ôl y plant eu hunain, mae mam-gu neu dad-cu yn dipyn o arwyr hefyd!

- **Llawn bwrlwm ...**
O Eisteddfod yr Urdd i'r Pencampwriaethau Hoci Iâ, o ras Guto Nyth Brân i Sioe Amaethyddol Frenhinol Cymru, mae digon i ddiddori'r plant yma – mae'n syndod eu bod nhw byth gartref!

Cynnwys

Mae 24 portread yn y llyfr hwn – ond gallet TI ei wneud yn 25! Tro i dudalen 54 a rho gynnig ar gynllunio portread newydd – defnyddia wybodaeth rwyt ti wedi'i chasg lu, a gludia luniau neu ffotograffau i mewn os oes rhai gennyt. Gallet ti wneud portread ohonot dy hunan neu holi rhywun arall – fel ffrind neu aelod o'r teulu. Ac wedyn bydd y llyfr hwn hyd yn oed yn fwy o drysor i ti ei gadw. Pob hwyl gyda'r ysgrifennu a'r dylunio!

I gael cynllun lliw i'w ddefnyddio, cei lawrlwytho copi o dud. 54-55 o wefan Gomer – www.gomer.co.uk (Chwilia o dan *Adnoddau Athrawon!*)

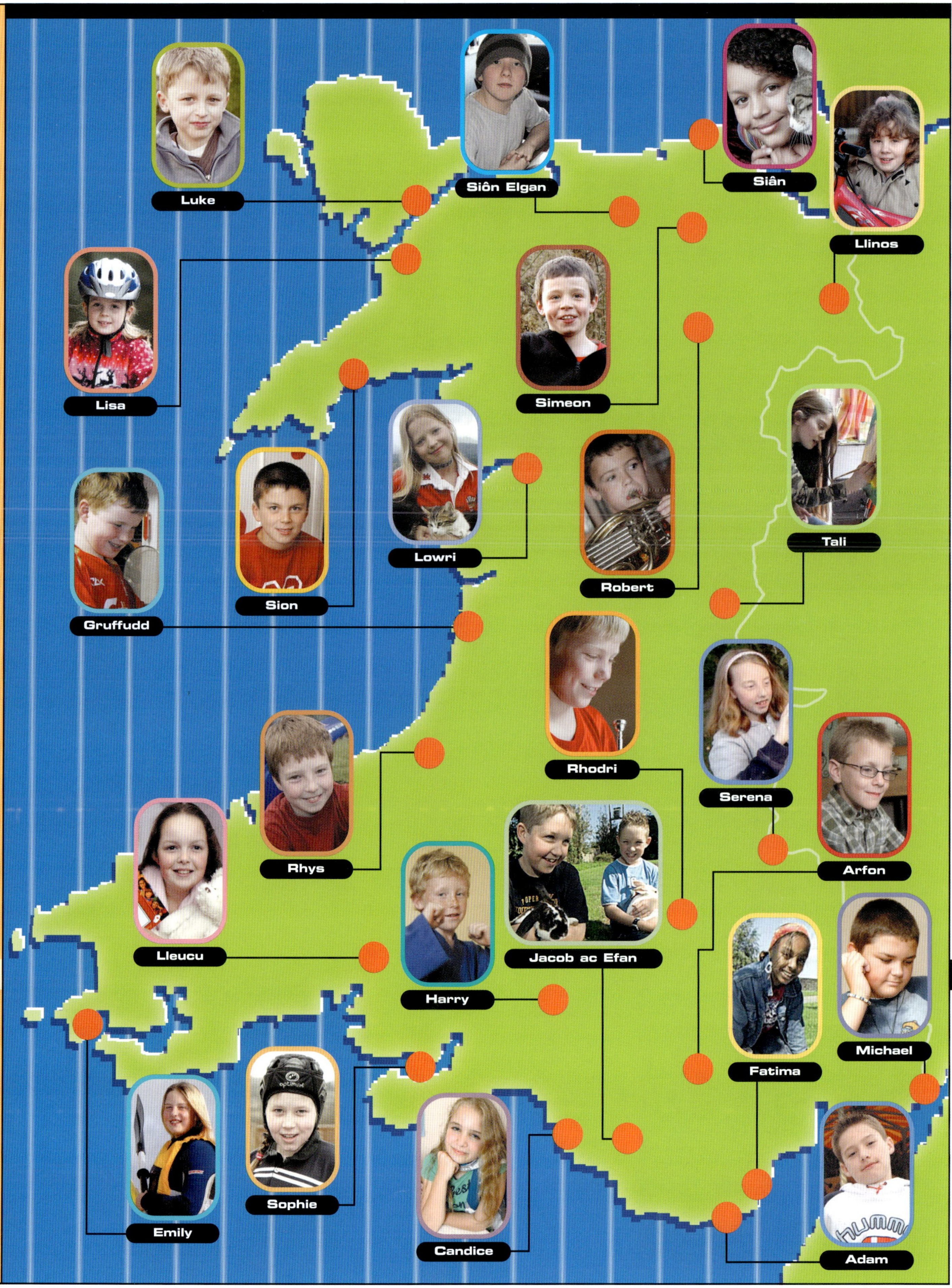

Luke

Siôn Elgan

Siân

Llinos

Lisa

Simeon

Tali

Lowri

Robert

Gruffudd

Sion

Rhodri

Serena

Arfon

Rhys

Lleucu

Harry

Jacob ac Efan

Fatima

Michael

Emily

Sophie

Candice

Adam

Rhodri

oed	10
pen-blwydd	Rhagfyr
cartref	tŷ fferm ar Fynydd Epynt
teulu	rhieni, brawd 13 a dwy chwaer, 7 a 4
diddordebau	criced, rygbi a chwaraeon, y trwmped a chwarae ar y fferm

"Dw i mor hapus o gwmpas y fferm. Fy nghas beth i yw gorfod mynd nôl i'r ysgol ar ddiwedd y gwyliau."

Rhodri

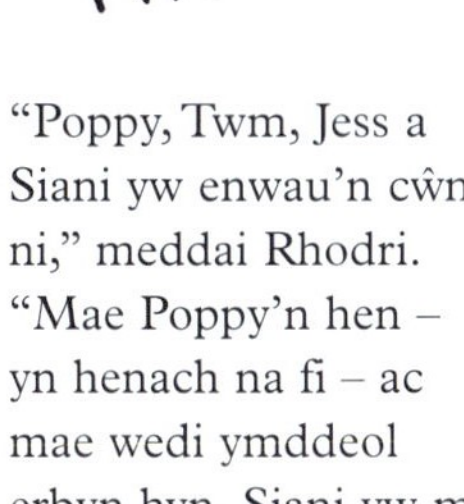

Mae Rhodri'n byw gyda'i deulu mewn hen ffermdy yng nghesail Mynydd Epynt yng nghanolbarth Cymru. Ei hen dad-cu oedd wedi prynu'r fferm flynyddoedd yn ôl, ac mae ei fam-gu'n dal i fyw yn yr ardal. O Malvern yn Swydd Gaerwrangon mae ei fam yn dod, ac mae hi'n dysgu Cymraeg. Mae pob un o'r plant yn siarad Cymraeg ac yn mynd i ysgol Gymraeg. Weithiau bydd Rhodri'n mynd i weld ei fam-gu a'i dad-cu yn Malvern. "Byddwn ni'n mynd â rhai o'r defaid i gae Tad-cu a Mam-gu yn y gwanwyn achos bod y borfa'n tyfu'n gynharach na fan hyn. Ry'n ni'n cael benthyg y trêler lawr yr heol i fynd â nhw. Mae pawb yn helpu'i gilydd ffordd hyn."

Mae tad Rhodri yn gweithio i Lywodraeth Cynulliad Cymru ym maes bwyd, a'i fam yn helpu yn yr ysgol, yn cadw tŷ ac yn edrych ar ôl y fferm. Mae ei dad yn gwneud gwaith fferm hefyd ar benwythnos a phawb yn helpu amser wyna. "Fferm organig yw hi. 'Sdim pethau cemegol i ladd pryfed neu wella'r tir yn cael eu defnyddio yma o gwbwl," meddai Rhodri. "Mam sy'n trin yr ardd ac yn tyfu llysie fel tatws a moron. Dw i ddim yn hoffi garddio. Weithiau bydd defaid drwg yn bwyta'r ffa dringo ac wedyn mae Mam yn grac."

"Poppy, Twm, Jess a Siani yw enwau'n cŵn ni," meddai Rhodri. "Mae Poppy'n hen – yn henach na fi – ac mae wedi ymddeol erbyn hyn. Siani yw mam Twm a Jess, sy'n gweithio'n galed iawn gyda'r defaid. Mae yna ddwy gath, hefyd, Sid a Tigger. Nhw sy'n dal y llygod. Un ceffyl sydd yma. Mae pob un ohonon ni'n ei farchogaeth o gwmpas tir y fferm. Wel, pawb ond Dad, sy'n dal, ac mae'r ceffyl braidd yn fach."

Anifeiliaid

Yn y bore, bydd Rhodri'n aml yn cael ei ddihuno gan gôr o leisiau anifeiliaid y fferm yn cystadlu â'i gilydd. Mae Da Duon Cymru'n gweiddi am frecwast yn y beudy gerllaw, a chant a mwy o ddefaid Beulah *Speckled-Faced* yn brefu o'r meysydd o gwmpas. Does yna ddim 'cwac-cwac' yn y bwrlwm, ond mae yna ddigon o glegar ieir a chyfarth cŵn.

Yr ysgol

Mae Rhodri, Gareth, Delyth a Megan yn mynd ar y bws ysgol bob dydd ar hyd heolydd cul a throellog cefn gwlad. Mae'n dipyn o siwrnai. Weithiau, yn y gaeaf, mae'n dywydd mawr ac mae'r bws yn methu â'u cyrraedd.

"Os bydd eira, ry'n ni'n gallu sledio ar y cae serth uwchben y fferm," meddai Rhodri. "Dyna un o'm hoff bethau i. Mae bron cystal â diwrnod cynta'r gwyliau!

Dim bo fi ddim yn hoffi'r ysgol, chwaith; dw i'n hoffi Cymraeg a maths, ac addysg gorfforol, 'nenwedig rygbi a chriced. A'r Eisteddfod. Ro'n i yn y grŵp llefaru aeth i Eisteddfod Genedlaethol yr Urdd yng Nghaerdydd. A dw i'n hoffi dyddie pan fydd pobl yn dod i siarad â ni yn yr ysgol. Daeth Penri Roberts i helpu ni i ysgrifennu cerdd yn Gymraeg a daeth Jenny Sullivan i helpu ni i ysgrifennu stori am lun o ddraig yn hedfan a dyn ag arfau ganddo ar y llawr. Fe fydda i'n hoffi gwrando ar bobl, yn lle siarad o hyd."

✔Byd y bêl a'r trwmped

Mae Rhodri wrth ei fodd gyda chriced ac mae'n sownd wrth y teledu pan fydd tîmau Lloegr ac Awstralia'n cystadlu am yr 'Ashes'. Mae wedi bod ar faes criced Gerddi Soffia yng Nghaerdydd hefyd yn gwylio gêm. "Dw i'n hapus iawn pan fydda i'n cael fy newis am dreialon," meddai Rhodri. Erbyn hyn, mae'n chwarae criced i dim Aberhonddu, a thîm canolbarth Cymru unwaith bob pythefnos, gan deithio i lefydd fel Llandrindod. "Mae cyri cyw iâr a chinio dydd Sul Mam yn cadw fi i fynd, er bod Mam yn dweud y dylswn i fwyta mwy o lysie." Mae chwythu'r trwmped hefyd yn ymarfer da i'w ysgyfaint. Ym maes pêl-droed, mae'n cefnogi Aston Villa.

✔'Joio' gyda ffrindiau

Mae ffrindiau'n bwysig ym mywyd Rhodri. Er ei fod yn byw yn bell o bobman, mae ei gartref yn llawn o sŵn a miri. Bron bob amser ar benwythnos neu wyliau, mae ffrindiau'n dod i chwarae gydag ef a gyda'i frawd. Mae'r trampolîn yn ffefryn mawr gan bawb.

"Pump ffrind sbesial sydd gen i," meddai Rhodri. "Pan fydd un ohonyn nhw yma, fe fyddwn ni'n chwarae lan ar y top, ger y mynydd, yn adeiladu dinasoedd mas o gerrig, neu'n chwarae gêm o gardie fel *Spit* gyda Gareth fy mrawd."

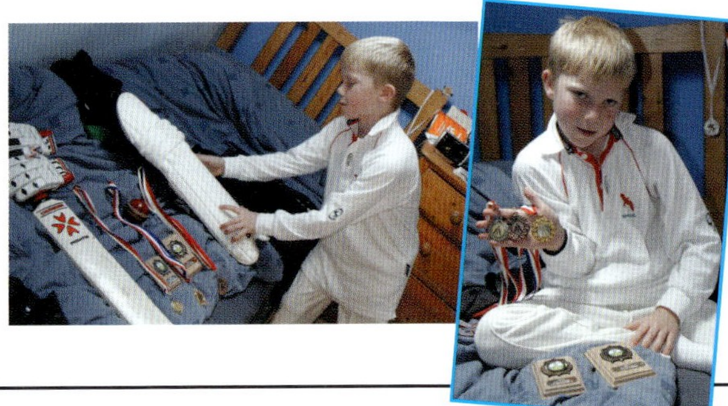

A wyddost ti?

- mai ystyr Epynt yw 'llwybr ceffylau'? Ac mai ffurf ar 'moel fryn' yw Malvern? Amser maith, maith yn ôl, roedd yr Hen Gymraeg yn cael ei siarad yn Swydd Gaerwrangon, sydd ar y ffin rhwng Cymru a Lloegr. Dros y canrifoedd, cafodd yr enw ei Seisnigeiddio. Efallai y gelli di feddwl am enwau llefydd eraill yng Nghymru sy'n dangos dylanwad y ddwy iaith. O beth mae enw dy gartref neu dy stryd di'n deillio, tybed?

- mai Da Duon Cymru oedd achos sefydlu trefn bancio cyntaf Cymru? O'r 15fed hyd y 18fed ganrif, byddai porthmyn yn 'allforio' gyrroedd o wartheg a defaid i ffeiriau Lloegr, gan weiddi 'Haiptrw ho! Haiptrw ho!' i gadw'r praidd ynghyd wrth fynd. Weithiau byddai lladron pen ffordd yn ymosod ar y porthmyn ar eu ffordd yn ôl i geisio dwyn yr arian mawr a gawsant am werthu'r anifeiliaid. Er mwyn cadw'r arian yn ddiogel, ym 1799 sefydlodd porthmon o'r enw David Jones Fanc yr Eidion Du yn Llanymddyfri. Cafodd y banc ei gymryd drosodd nes ymlaen gan fanc Lloyds TSB. Erbyn hyn, banc HSBC sydd yno.

- fod yna gystadleuaeth Snorcelio Cors yn cael ei chynnal yn flynyddol yn nhre fach Llanwrtyd? Slawer dydd byddai pobl dost yn mynd yno i ymdrochi ac yfed dŵr iachus o'r ffynhonnau lleol, gan obeithio gwella o'u salwch. Nawr, maen nhw'n mynd yno i gael hwyl wrth blymio i dir mawnog Epynt.

✔Barbiciw a chyngerdd

Gerllaw cartref Rhodri, mae hen ysgol sydd wedi cael ei throi'n ganolfan i'r ardal. Pan fydd hi'n ŵyl y Banc, bydd pobl yr ardal yn cynnal barbiciw neu chwaraeon yn y cae, a swper Cynhaeaf neu gyngerdd adeg y Nadolig. Mae Rhodri a'i deulu a'i ffrindiau'n mwynhau yno'n fawr.

"Mae cystal bron â'n gwyliau gwersylla ni yn Sir Benfro. Dw i'n cael dod â ffrind a ry'n ni'n mynd i'r traeth bob dydd i nofio ac adeiladu argaeau a chwilio am lysywod tywod – y rhai mae'r pâl yn byta – a chrancod. Grêt!"

Lisa

oed	8
pen-blwydd	Mehefin
cartref	tŷ brics coch mewn pentref ger Caernarfon, Gwynedd
teulu	rhieni a chwaer, 5
diddordebau	seiclo, chwaraeon, bale a theithio

Lisa

Mam a Dad a Nia

Mae mam Lisa'n dod o fyny'r lôn, a'i thad o Brisbane, Awstralia – ar ochr arall y byd! Athrawes oedd ei mam cyn rhoi'r gorau i'w swydd i ofalu am y merched. Doctor yw ei thad, a Saesneg yw ei iaith gyntaf, ond erbyn hyn, mae wedi dysgu Cymraeg. Ond fe fydd Lisa'n hoffi siarad Saesneg â'i thad weithiau. "Dw i jest yn licio'r iaith," meddai Lisa.

Ond Cymraeg fydd Lisa'n siarad hefo'i chwaer fach bob tro. Mae'r ddwy chwaer yn ffrindiau mawr ac yn dewis rhannu llofft o hyd er bod llofft sbâr ar gael. Weithiau, fe fydd y ddwy yn siarad (yn ddistaw) am yn hir cyn cysgu.

"Pan does 'na ddim ysgol, dw i'n mynd i'r gwely am ddeg, ond pan fydd ysgol, am hanner awr wedi saith."

Nain a Taid

"Mae Nain yn byw chwarter milltir i fyny'r lôn ac wedi troi rhan o'r tŷ yn gaffi sydd â'r cacennau gorau yng Nghymru. Dw i'n gweld Nain bron bob dydd ac yn ystod y gwyliau dw i'n ei helpu yn y caffi. Dw i'n licio bod Nain yn byw mor agos. Mae rhywbeth sbesial am aros y nos yn tŷ Nain."

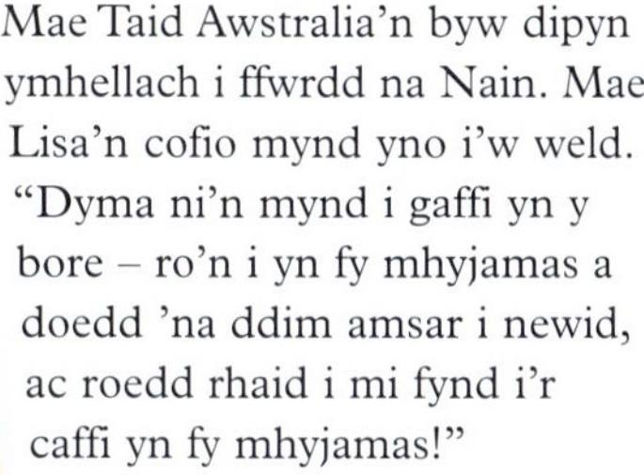

Mae Taid Awstralia'n byw dipyn ymhellach i ffwrdd na Nain. Mae Lisa'n cofio mynd yno i'w weld. "Dyma ni'n mynd i gaffi yn y bore – ro'n i yn fy mhyjamas a doedd 'na ddim amsar i newid, ac roedd rhaid i mi fynd i'r caffi yn fy mhyjamas!"

Mae Taid yn dipyn o gymeriad. Er iddo gael ei ben-blwydd yn saith deg oed, mae o'n dal i seiclo. Un o uchafbwyntiau wythnos Lisa yw bore Sul, pan fydd hi a Nia yn defnyddio'r cyfrifiadur a'r rhyngrwyd i siarad â Taid yn ogystal â'i weld ar y monitor.

Er bod Taid yn dod draw i Gymru i'w gweld hi bron bob blwyddyn, mae Lisa'n gweld ei eisiau yn fawr. "Liciwn i fynd i fyw i Awstralia, ond wedyn baswn i'n colli Nain yn arw!"

Taith deuluol ar hyd Lôn Eifion

Weithiau ar y penwythnos fe fydd y teulu'n mynd am daith beic ar hyd y llwybr seiclo sydd wrth ymyl y tŷ – 'Lôn Eifion'.

"Rydan ni'n mynd ar y trac beic i Ben-y-groes hefo Mam a Dad a Nia – mae gan bawb feic ond Dad. Mae'n gorfod rhedeg ar ein holau ni. Weithiau, mae Nia'n mynd yn rhy sydyn, ac mae'n methu stopio. Tasa Dad ddim yn cyrraedd Nia a'i dal hi, efallai y basa hi'n cyrraedd Awstralia!"

Teithio'r byd

Heblaw am Awstralia mae Lisa wedi teithio'r holl ffordd i:-

✔ **Unol Daleithiau America** yn bump oed, gan hedfan dros Raeadr Niagara mewn hofrennydd

✔ **Legoland yn Denmarc** lle roedd hyd yn oed y sglodion yn y caffi yr un siâp â Lego!

✔ **Y Lapdir** lle y cafodd hi gyfarfod â Santa mewn caban bach pren ymhell yng nghanol y goedwig. Doedd o ddim yn siarad Cymraeg, ond fe gafodd Lisa 'gel pens' ac 'Angelina Ballerina' a phecyn cefn i gadw dillad ac esgidiau bale. Fe roddodd hi anrheg i Siôn Corn hefyd – llyfr bach am Gymru i wneud yn siŵr ei fod o'n gwybod lle i ddod y Nadolig nesaf.

Yr ysgol

Peintio a gwaith llaw yw hoff weithgareddau Lisa. "Rydan ni wedi gwneud castell o gardbord, a phren lolipop i wneud y bobl, a drws sydd yn medru agor hefo llinyn."

Mae Lisa'n hoffi canu hefyd yng ngwasanaeth y bore. Unwaith fe ganodd hi'r piano o flaen y plant eraill i gyd.

Gwersi chwaraeon

Dydd Mawrth yw diwrnod nofio! Mae Lisa'n nofio yn yr ysgol yn ystod y dydd, ac eto yn y nos gyda Hans yr hyfforddwr, sydd yn gwneud iddynt weithio'n galed. Mae Lisa wedi nofio lled y pwll tuag ugain gwaith, a hyd y pwll tua phedair gwaith. "Mae'n dipyn o bellter, a dw i'n gorfod gafael yn yr ochr. Dw i'n medru gwneud y dull broga, a nofio ar fy nghefn a fy mol. Bob wythnos dw i'n cael gwers dennis hefo Andreas sy'n Almaenwr ac yn andros o gymeriad."

Dydd Sadwrn

"Fydda i'n cael gwers bale hefo Miss Tami'n yn y bore ym Mhwllheli. Mi oedd yna hogia'n dod i'r gwersi, ond dim ond genod sy'n dod rŵan."

Ar ddydd Sadwrn hefyd, mae Lisa'n mynd i wersi gymnasteg yng Nghaernarfon. Dyma lle dysgodd hi'r sgiliau roedd yn rhaid eu perfformio'n gywir er mwyn ennill medal. "Rhaid oedd jympio ar y bwrdd neidio a glanio ar y bocs, yna naid hir oddi arno a glanio ddwy droed yn daclus ar y llawr. Yna roli-poli a hanner tro, a rholio 'nôl wysg eich cefn. Doeddwn i ddim wedi disgwyl ennill o gwbwl. Roeddan ni wedi hen adael y ganolfan hamdden, ond dyma ffôn symudol Dad yn canu'n y car i ddeud 'mod i wedi ennill ac oedd rhaid mynd yr holl ffordd yn ôl i gasglu'r fedal."

A wyddost ti?

- Byddai Lisa wedi cymryd misoedd i gyrraedd Awstralia 150 o flynyddoedd yn ôl. Byddai wedi gorfod teithio – efallai o Borthmadog neu yn debycach, o Lerpwl – mewn llong hwylio fyddai'n dibynnu ar y gwyntoedd i'w chario. Byddai wedi croesi Cefnfor Iwerydd i lawr i'r de, heibio i Dde Affrica a Phenrhyn Gobaith Da, ac yna hwylio dros Gefnfor India i Awstralia. Ar y ffordd yn ôl, byddai wedi croesi'r Cefnfor Tawel a mynd i lawr heibio i Dde America i Gefnfor y De, yna rowndio'r Horn cyn croesi Cefnfor Iwerydd yn ôl i Fôr Iwerddon a Chymru fach. Hasta la Vista, Lisa! Wela' i di mewn tua blwyddyn, efallai?
- Ond petai Lisa wedi teithio ym 1881 ar long ager fawr, byddai wedi gallu cyrraedd mewn 42 diwrnod, tua mis a hanner. Gallai dorri'r siwrnai wrth fynd drwy Fae Vizcaya a'r Môr Canoldir, ac ar hyd Camlas Suez drwy'r Môr Coch i Gefnfor India.
- Erbyn heddiw, gallai Lisa gyrraedd Awstralia mewn llai na 24 awr! Am fwy o fanylion am longau a'r môr gweler www.amgueddfacymru.ac.uk/cy/abertawe

Siôn Elgan

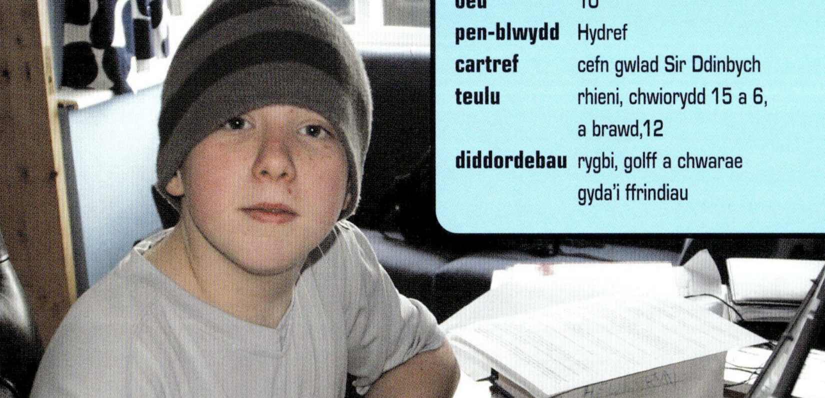

oed	10
pen-blwydd	Hydref
cartref	cefn gwlad Sir Ddinbych
teulu	rhieni, chwiorydd 15 a 6, a brawd,12
diddordebau	rygbi, golff a chwarae gyda'i ffrindiau

"Weithiau cyn cysgu, dw i'n meddwl am bethau, fel y peth gwaethaf ddigwyddodd i mi – cael fy nharo i lawr ar y beic hefo car, ond heb dorri'r un asgwrn. Neu'r peth gorau ddigwyddodd – dod yn ail mewn cystadleuaeth torri gwynt yn y Bala. Neu efallai y gwna i edrych eto ar fy mhoster Real Madrid a breuddwydio mai fi ydy Robinhio, neu Superman. Ac yna dw i'n cysgu."

Siôn

Siôn a'i deulu a'i ffrindiau

Mae Siôn a'i deulu'n byw mewn mans, tŷ gweinidog, gan fod ei dad yn weinidog. Athrawes gyflenwi yw ei fam. Er bod bywyd yn brysur, weithiau bydd y teulu'n cael diwrnod i'r brenin yn cerdded neu'n seiclo o gwmpas Llyn Brenig, cronfa ddŵr gerllaw sydd â llawer o weithgareddau hamdden.

Fel arfer, meddai Siôn, mae'n cytuno'n dda gyda'i chwiorydd a'i frawd. "Er, weithiau, bydd Catrin (sy'n *brainy*) a Steffan (sy'n chwarae rygbi'n dda iawn) yn codi 'ngwrychyn i. Ond mae Hanna'n ocê. A dweud y gwir, dw i'n reit falch fod gen i chwaer iau. Ers talwm byddai Steffan yn herio fi achos mai fi oedd y lleia – y babi – ond ddim rŵan, achos Hanna ydy'r babi."

Mae dau ffrind gorau Siôn yn byw gerllaw, un ohonyn nhw dim ond pedwar tŷ i fyny'r lôn. "Os dw i yn yr ardd gefn ac yn gweiddi ar dop fy llais, mae o'n fy nghlywed i'n glir!"

Golff

Ar un adeg, roedd Siôn yn mwynhau llafnrolio a phêl-droed, ond erbyn hyn golff sydd orau ganddo. Weithiau bydd ef a'i dad yn chwarae ar y maes ymarfer yn Llanelwy, ond gan amlaf byddan nhw'n chwarae yn y cae ger y mans.

"Unwaith, wnes i fwrw'r bêl drwy un o ffenestri'r capel a'i thorri. Roedd o'n dipyn o embaras i ni'n dau."

Ffasiwn

Mae Siôn yn hoff o wisgo *hoodie* a jîns llac. "Top hefo hwd ydi *hoodie* a gorau i gyd os oes tyllau bach ar waelod y llewys i chi sticio'ch bodiau allan ac edrych yn cŵl," eglura Siôn. "I Gaer neu Landudno fyddwn ni'n mynd i brynu rhywbeth sbesial."

Diwrnod ym mywyd Siôn, yn ei eiriau ei hun

"Dw i'n deffro am 7.15, cyn Steffan sydd yn y bync isaf. Dw i'n neidio i'r llawr ac yn tynnu'r llenni, a dyma dw i'n ei weld:

1 Tryfan ein *Retriever* aur yn carlamu o gwmpas yr iard. Dad wnaeth ei enwi ar ôl ei hoff fynydd.

2 caeau Hendre Llan a choedwig Nant y Plwm. Mae un o'r caeau'n arbennig o serth ac yn wych ar gyfer sledio. Byddwn ni'n cael eira yma bron bob blwyddyn a llynedd, fe wnes i ddefnyddio hen ddrws i wneud ramp – fel *ski-jump* yn y Gemau Olympaidd!

3 y fynwent a'r capel lle mae Dad yn weinidog. Os bydd Dad yn hwyr i gyfarfod, dw i'n ei weld o'n neidio dros wal yr ardd a rhuthro ar draws y cae a neidio dros wal y fynwent a rhedeg i gyrraedd y pulpud. Dw i'n mynd i'r capel a'r Ysgol Sul ac yn trio 'ngorau i fod yn hogyn da achos mai Mam ydi f'athrawes i. Mae hi'n ocê, ac yn gadael i ni chwarae pŵl am sbelan cyn y wers. Fy hoff stori o'r Beibl yw'r un am Arch Noa. Yn 2001, roedd yna lifogydd yma, ac roedd y lôn fel afon, a'r ysgol wedi cau am ddiwrnod – grêt!

4 y postiau sydd yng nghae ffwtbol Canolfan y Gymuned. Yn y Ganolfan fydd popeth yn digwydd, fel eisteddfodau, cyfarfodydd, priodasau, te cynhebrwng, drama a chyngherddau. Mae'r ysgol yno hefyd.

Ar ôl brecwast, bydda i'n rhuthro i'r ysgol i chwarae ffwtbol cyn i'r gloch ganu. Dw i yn nhîm yr ysgol a fi yw'r un sy'n cymryd y ciciau cosb. Bydda i'n trio cadw'r bêl yn isel a'i chicio'n galed i'r gornel. Anaml fydda i'n methu, a dw i ddim erioed wedi cael fy nanfon o'r cae, er mi ges i rybudd unwaith.

Yn yr ysgol

Os mai AG yw'r wers gyntaf, dw i'n hapus, ond mae'n wir gas gen i fathemateg. Yr unig beth sydd yn gwneud i mi deimlo'n waeth yw pan fydd hi'n bwrw glaw amser chwarae, a chawn ni ddim mynd allan i'r iard. Dydw i ddim yn lecio siarad Saesneg yn yr iard. O gartrefi iaith Gymraeg y daw'r rhan fwya ohonon ni. Bydd Mam yn siarad Saesneg weithiau, gan mai dyna yw ei hiaith gynta hi. Ond mae wedi dysgu Cymraeg yn dda a dyna fydd hi fel arfer yn ei siarad. Ac er bod Mam a Dad yn dod o'r sowth, dw i'n gwybod mai 'gog' ydw i ac nid 'hwntw'. Cymraeg y gogledd sydd gen i. Dw i'n dweud 'i fyny' a Dad yn dweud 'lan', a dw i'n dweud 'rŵan' a Dad yn dweud 'nawr'.

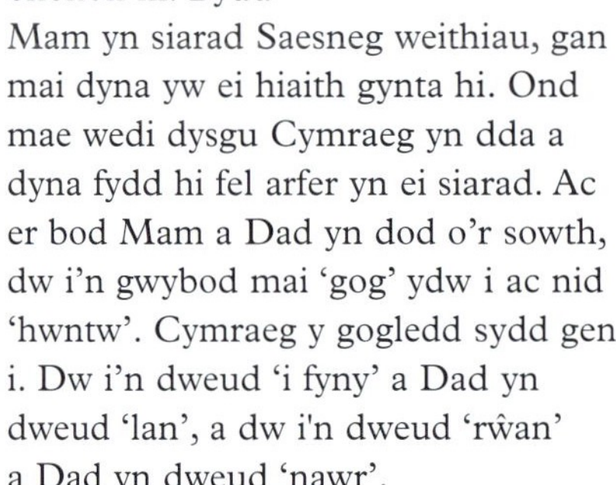

Drwy'r bore, bydda i'n edrych ymlaen at amser cinio. Dw i'n lecio cinio ysgol. Mae'r tatws rhôst hyd yn oed yn well na rhai Mam. Ond byddai'n well gen i McDonald's.

Ar ôl ysgol

Pan fydd y gloch ddiwedd pnawn yn canu, fe fydda i'n rhedeg i brynu da-da yn siop y pentre. Un noson yr wythnos bydda i'n mynd i glwb y plant yn y capel, lle byddwn ni'n canu, yn dysgu am Iesu a chwarae gemau. Yna, fel arfer, bydda i'n chwarae ffwtbol eto, neu'n mynd i lawr at yr afon i chwarae Tarzan, a siglo ar gortyn, ac weithiau fe fydda i'n syrthio i'r dŵr."

A wyddost ti?

- mai Llyn Brenig yw un o gronfeydd dŵr mwyaf Cymru? Cei gerdded, pysgota a chymryd rhan mewn chwaraeon dŵr ar y llyn yma ar rostir Sir Ddinbych. Unwaith, bu milwyr Celtaidd, Rhufeinig a Normanaidd yn martsio yma. Erbyn hyn, defaid sy'n cerdded trwy'r grug. Cwmni Dŵr Cymru sydd â gofal y llyn, a nhw sy'n sicrhau bod gennyt ddŵr glân i'w yfed. Mae'r cwmni hefyd yn cael gwared â'r dŵr sy'n cael ei ddefnyddio wrth i ti gael cawod, glanhau dy ddannedd neu fynd i'r tŷ bach.

- fod nifer o 'selebs' yn dod o'r un ardal â Sion? Cafodd y ddawnswraig, actores a chantores ifanc Tara Bethan a Gwenno Mair Davies, awdur ac enillydd coron Eisteddfod yr Urdd, eu magu yma. Mae'r arlunydd Luned Rhys Parri hefyd o'r ardal. Fe helpodd hi ddisgyblion yr ysgol i lunio murlun o'r pentref, ac mae ei gwaith hefyd i'w weld yng nghartref Siôn. Un arall yw'r bardd Tudur Aled a oedd yn byw yno 500 mlynedd yn ôl. Roedd e'r un mor enwog bryd hynny ag enwau mawr y byd chwaraeon a roc heddiw. A dyna i ti'r ddau ysgolhaig Esgob William Morgan a William Salesbury a gyfieithodd y Beibl i'r Gymraeg. Mae rhai pobl yn meddwl mai cael y Beibl yn Gymraeg a helpodd yr iaith i barhau hyd heddiw.

Candice

> “Yn yr ysgol, dw i’n gwneud llawer o bethau, fel seiclo a phêl-rwyd. Ry’n ni’n mynd i nofio hefyd yn Aberafan, a dw i wir yn mwynhau hynny.”

oed	10
pen-blwydd	Chwefror
cartref	tŷ ger Port Talbot
teulu	ei mam a’i thad a Heskey’r ci
diddordebau	dawnsio, band bechgyn ‘Busted’, nofio a phêl-rwyd

Candice

Merch sy’n hoffi cymryd rhan ym mhopeth yw Candice.

Clwb dawnsio

“Newydd ymuno dw i. Clwb newydd i fechgyn a merched yw e. Ry’n ni’n gwneud dawnsio-disgo, sy’n ymarfer corff da, ac yn hwyl. Mae gyda ni daflenni â manylion y ddawns arnyn nhw, er mwyn i ni ymarfer yn y tŷ. Fe godon ni arian i ‘Plant mewn Angen’ drwy berfformio a chynnal raffl.”

Cerdd, bandiau ac actio

Mae Candice yn hoffi canu’r darn ‘Titanic’ ar y recorder gyda grŵp recorder yng ngwasanaeth yr ysgol. Ond mae’n well ganddi wrando ar ei hoff fandiau, yn enwedig ‘Busted’. “Dw i’n dwlu eu gweld ar y teledu, a dw i’n edrych ymlaen at weld eu sioe newydd *America or Busted*. Es i i lawr i’w gweld nhw ym Mharc Singleton yn Abertawe, a ches i lofnodion hefyd gan fandiau eraill oedd yn chwarae yno. Mae llwythi o luniau ‘Busted’ gyda fi.”

Mae Candice ei hun wrth ei bodd ar lwyfan. Mae hi bob amser wedi bod yn Nrama Geni’r ysgol, ac eleni, hi gafodd ran Mair. “Ces i fy newis mas o tua pymtheg o ferched, ac ro’n i wir yn hapus.”

A beth am yr ysgol?

Hanes a mathemateg yw hoff bynciau Candice. Yn ei gwersi gwyddoniaeth, mae’r dosbarth yn astudio cysawd yr haul. “Dw i’n gwneud model ohono gartref, a dw i wedi bod yn casglu mân bethe ato fe. Dw i bob amser yn lico creu stwff.”

A wyddost ti?

- fod Parc Fforest Afan Argoed yng Nghwm Afan yn un o'r deg lle gorau yn y byd i feicio mynydd? Dyw e ddim ymhell o gartref Candice. Mae yna drac beic dros 100 cilometr o hyd, ac fe elli di gerdded a marchogaeth yno hefyd. Y Comisiwn Coedwigaeth sy'n ei gadw.
- er bod y gwaith dur dramatig yn rhoi golwg ddiwydiannol iddi, mae Port Talbot yn gartref i un o deuluoedd mochyn daear mwyaf Cymru, ac fe elli di weld ceirw cochion a digonedd o fywyd gwyllt ym Mharc Margam sydd gerllaw – yn ogystal ag adfeilion abaty eitha iasol. Ond weli di ddim orennau yn yr Orendy bellach, er efallai y bydd ysbryd ambell fynach yn hofran o gwmpas y lle.
- fod Richard Burton ac Anthony Hopkins, dau o actorion enwoca'r byd, yn dod o ardal Port Talbot a Chwm Afan, a'r actor ifanc Michael Sheen sy'n dal i godi i blith y sêr.

Swnio'n lle da am ddiwrnod i'r brenin? Chwilia'r rhyngrwyd dan enw Port Talbot am fwy o wybodaeth, ac am hanes y moch daear, cer i http://homepage.ntlworld.com/badger10

Mae gan yr ysgol 'system bwyntiau' ac mae Candice yn gwneud ei gorau i ennill pwyntiau i'w llys. "Ry'ch chi'n cael pum pwynt am wneud eich gwaith cartref ac ry'ch chi'n gallu ennill rhagor o bwyntiau os y'ch chi'n dda, er enghraifft yn dod o hyd i arian rhywun arall a'i roi fe i'r athro."

Mae hi hefyd yn aelod brwd o Glwb Llyfrgell yr ysgol. "Ry'n ni'n darllen llyfrau a wedyn yn sgwennu amdanyn nhw neu'n chwilio'r rhyngrwyd i ddod o hyd i bethe diddorol amdanyn nhw. Mae'r clwb yn ffordd grêt o gael plant eraill i ddod i'r llyfrgell, hefyd. Cafodd llyfr o farddoniaeth, *Star in the Custard*, ei lansio yno. Roedd e wir yn dda."

Hoff lyfr Candice yw *Charlie and the Chocolate Factory*, ac mae hefyd wedi darllen tri o lyfrau Harry Potter. "A dw i'n dwlu ar lyfrau hanes. Ry'n ni'n gwneud y Tuduriaid nawr, felly dw i'n darllen llyfrau ac yn dod o hyd i ffeithiau ar y rhyngrwyd amdanyn nhw."

Hoff greaduriaid

Unig blentyn yw Candice, ond mae Heskey'r ci'n cadw cwmni iddi. Mae'n gi cyfeillgar iawn. "Fe alwodd Dad e'n Heskey ar ôl y pêl-droediwr, achos 'i fod e'n lico chwarae pêl-droed. Bob tro dw i'n chwarae â'r bêl, mae'n mynd â hi oddi arna i. Mae e mor ddoniol!"

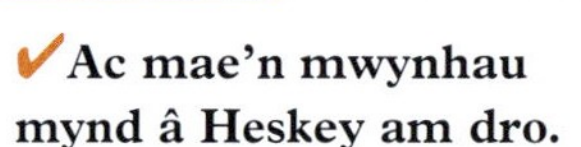

✔ Ac mae'n mwynhau mynd â Heskey am dro. "Mae'r traeth yn agos ac mae e'n lico mynd yno. Wedyn dw i'n cael cyfle i gasglu cregyn a phethe yn y pylle. Ry'n ni'n lwcus iawn o'r traeth; mae'n lle da i fynd i ymlacio yn yr haf."

✔ Dolffiniaid

Mae Candice hefyd yn hoff iawn o ddolffiniaid ac yn teimlo'n grac pan fydd hi'n clywed amdanynt yn cael eu lladd. "Mae Norwy a Japan yn dweud eu bod yn gwneud hyn am resymau gwyddonol. Yn America hefyd, mae llawer o ddolffiniaid yn cael eu lladd yn y rhwydi sy'n cael eu gosod i rwystro siarcod, ond mae'r dolffiniaid druain yn cael eu dala ynddyn nhw ac yn boddi. Dw i'n gofyn i Dad o hyd ac o hyd a gaf i fabwysiadu dolffin."

Teulu

Peiriannydd amgylcheddol yw tad Candice. Mae'n gweithio i gwmni sy'n gwneud gwaith gwaredu i waith dur Port Talbot. "Mae'n delio gyda chymysgedd gwastraff a defnyddiau peryglus fel asbestos. Mae'n gorfod gwisgo masg sy'n eitha brawychus, a dweud y gwir!"

Mae mam Candice yn wraig tŷ sydd hefyd yn helpu i ofalu am aelodau eraill y teulu. "Mae Tad-cu wedi bod yn dost. Mae Mam yn cymryd ei thro gyda fy antis ac yncls eraill i ofalu amdano, a dw i a fy nghyfnither yn helpu hefyd. Gobeithio y bydd e'n well cyn bo hir."

A beth yw gobeithion Candice am y dyfodol?

"Licsen i ddysgu'r gitâr a falle bod mewn band. A chael gradde da pan af i'r ysgol gyfun. Fydde dim ots 'da fi chwaith ddyfeisio rhywbeth newydd... a dw i wedi bod yn gofyn i Dad a alle fe safio lan i fi gael ceffyl, ond mae e'n dweud taw 'breuddwyd gwrach' yw hynny."

Beth bynnag a ddigwydd, bydd Candice yn sicr o ymuno â phopeth sy'n bosibl iddi!

Rhys

oed	9
pen-blwydd	Mai
teulu	rhieni a dau frawd, 11 a 9
cartref	fferm yn ardal Aberaeron, Ceredigion
diddordebau	actio a llefaru, beicio cwad, nofio, darllen, coginio a gemau Xbox

Rhys

"Dw i'n hoffi byw yn y wlad. Dw i wedi teithio i lawer o lefydd eraill, fel Llundain a Florida, ond gwell gen i fod yng nghefn gwlad, gyda chaeau a choed. Pan fydda i'n dringo i'r tŷ pen coeden, dw i'n gallu gweld ar draws ein caeau ni am filltiroedd at gaeau ffermydd eraill."

Teulu Rhys

Cafodd tad Rhys ei fagu yn Llundain. Roedd y teulu'n arfer gwerthu llaeth yno. "Ond roedd Dad yn siarad Cymraeg, hyd yn oed ym mhrifddinas Lloegr, achos aeth e i Ysgol Gymraeg Llundain," meddai Rhys. "Daeth e'n ôl i ardal Aberaeron pan oedd e'n 11 mlwydd oed. Weithiau fe fydda i'n ei helpu ar y fferm gyda'r defaid. Mae'r ci defaid, Dan, yn ein helpu ni hefyd. Bydda i'n agor a chau'r gatiau ac yn cerdded tu ôl i'r defaid gyda Dad. Bydda i'n ei helpu gyda'r bêls gwair hefyd."

Cogyddes oedd Mam Rhys cyn iddi briodi. "Mae hi'n coginio'n dda iawn. Dw i'n cael coginio hefyd, a dw i'n hoffi gwneud cacennau cornfflêcs siocled. Mam fydd yn mynd â ni i'r ysgol bob dydd. Dw i'n hoffi'r ysgol fel arfer, yn enwedig amser chwarae, pan fydda i'n rhedeg o gwmpas gyda fy ffrind, Dafydd. Bob dydd Sul byddwn ni'n mynd i'r Ysgol Sul, a bydda i'n dysgu adnod."

Mae gan Rhys ddau frawd, Aled a Tudur. "Fi sydd yn y canol," meddai Rhys. "Mae Aled yn henach na fi ond mae Tudur yn iau na fi. Weithiau byddwn ni'n ymladd os byddwn ni eisiau chwarae â'r un peth, ond fel arfer ry'n ni'n ffrindiau. Mae Aled yn cael help yn yr ysgol. Buodd e'n dost iawn rhai blynyddoedd yn ôl; roedd lewcemia arno fe ac roedd rhaid iddo fe fynd i'r ysbyty yn aml. Ond mae e wedi gwella'n iawn erbyn hyn."

- fod gan gŵn defaid fel Dan ryw fath o eisteddfod hefyd lle mae'r cŵn yn cystadlu yn erbyn ei gilydd? Na, nid i gyfarth am y gorau, ond i gael defaid i gorlan o fewn amser arbennig. Efallai fod Rhys wedi bod mewn treialon cŵn defaid yn Nhregaron neu Lanbedr Pont Steffan, trefi sydd ddim ymhell o'i gartref.
- y byddai merched 'slawer dydd yn cerdded pob cam o Geredigion i Lundain i weithio yn y gerddi oedd yn cynhyrchu bwyd i drigolion y ddinas fawr? Doedd dim gwaith iddyn nhw yng nghefn gwlad Cymru. Ond yn Llundain, roeddent yn cael digon o waith yn chwynnu'r gerddi a chasglu llysiau a ffrwythau i'w gwerthu, neu fel morwynion llaeth. Roedd y merched yn cael hwyl wrth deithio yno gyda'i gilydd, fel y bydd pobl yn mynd ar wyliau heddiw – ond teithio er mwyn chwilio am waith y byddai merched y gerddi, nid i ymlacio ar draeth.
- fod Sioe Amaethyddol Frenhinol Cymru sy'n cael ei chynnal yn Llanelwedd, Powys bob Gorffennaf yn un o sioeau mwyaf Ewrop? Cafodd ei sefydlu ym 1904 a bydd tua 200,000 yn mynd yno i weld y gorau o dda byw, cynnyrch bwyd a chrefftau cefn gwlad Cymru.

Hoff bethau Rhys

"Dw i'n hoffi llawer o'r un pethau â phlant eraill," meddai Rhys. "Dyma rai ohonyn nhw:

- ✔ darllen (llyfrau Dick King-Smith)
- ✔ tynnu lluniau
- ✔ beicio cwad
- ✔ chwarae gemau Xbox a chwarae ar y cyfrifiadur
- ✔ nofio yn y pwll yn Aberaeron.

Mae'n well nofio yn y môr pan fydd hi'n braf yn yr haf. Mae traethau fel Cei Newydd a Cei Bach yn agos at ein tŷ ni. Ond fy hoff beth, dw i'n credu, yw'r beic cwad. Ces i'r cwad yn anrheg Nadolig y llynedd. Un Yamaha 80cc yw e. Dw i'n mwynhau mynd yn glou rownd y caeau. Mae beic cwad yr un gyda 'mrodyr i hefyd, ond chawn ni ddim rasio yn erbyn ein gilydd. Ry'n ni'n gorfod gwisgo dillad-bob-dydd, a helmed er mwyn bod yn saff."

Drama a llefaru

Mae Rhys yn mwynhau llefaru ac mae'n aelod o glwb drama yn Aberaeron. "Buon ni'n perfformio *Ai Ai, Capten* yn Theatr Felinfach," meddai Rhys. "Dw i wedi bod i weld sawl sioe yn Llundain fel *The Lion King* a *Chitty-Chitty-Bang-Bang!* Pan dorrais i fy mraich, dwedodd Mam wrtha i y byddai'n rhaid i mi fynd i'r theatr. Ro'n i'n meddwl fy mod i ar y ffordd i weld sioe, ond sylweddolais i wedyn mai mynd i gael llawdriniaeth o'n i!

Dw i wedi bod yn llefaru mewn eisteddfod yn ddiweddar. Y darn dw i'n ei adrodd yw 'Lleidr Pen Ffordd' gan T. Llew Jones. Mae'n ddarn dramatig iawn."

Profiad bythgofiadwy

"Un o'r profiadau gorau dw i wedi ei gael erioed yw mynd i Eisteddfod yr Urdd yn Sir Fôn gyda'r Gân Actol. Roeddwn i'n chwarae'r brif ran – llygoden. Roedd rhaid i ni ganu ac actio. Fe fuon ni'n ymarfer am fisoedd, ac ar ôl ennill yn yr eisteddfod gylch ac yn yr eisteddfod sir, ro'n ni i gyd yn teimlo'n gyffrous dros ben. Aethon ni fel teulu lan i'r gogledd ac arhoson ni yn Llandudno. Ro'n i'n nerfus iawn ar y dechrau wrth berfformio ar y llwyfan; roedd llawer o oleuadau a chamerâu. Ond fe ddes i'n gyfarwydd â'r llwyfan erbyn y diwedd, ac mae'n braf gallu edrych ar y fideo."

Gwyliau

Weithiau bydd y teulu'n mynd ar wyliau yn eu carafán i aros yn y Sioe Frenhinol ac yn yr Eisteddfod Genedlaethol. "Mae'r Sioe Frenhinol yn ddiddorol achos yr holl anifeiliaid a'r peiriannau. Eleni, bues i'n dangos oen yn y Sioe Frenhinol. Roedd rhaid i mi wisgo cot wen, a cherdded o gwmpas gyda'r oen ar dennyn. Licsen i ddangos mwy o anifeiliaid yn y dyfodol, a bod yn aelod o'r Clwb Ffermwyr Ifainc."

Mae'r teulu hefyd wedi bod yn Florida i lan y môr ac wedi ymweld â Disneyland. "Y pethau gorau oedd nofio gyda'r dolffins ac ymweld ag Universal Studios, yn enwedig gweld y ffilm 3D *Shrek*. Roedd yn rhywbeth na fydda i byth yn ei anghofio."

Fatima

Daeth Fatima a'i theulu i Gaerdydd o Sudan bron ddwy flynedd yn ôl, ac erbyn hyn, mae Fatima yn siarad Saesneg gystal â'i hiaith gyntaf, Arabeg. Maen nhw'n byw mewn fflat fach. Meddai Fatima:

"Yn Sudan, roedd gyda ni dŷ mawr iawn gyda llawer o ystafelloedd, a choeden ellyg a choed lemon yn yr ardd, a blodau lliwgar, a siglen. Ro'n ni'n arfer cadw pysgod, a byji gwryw oedd yn iâr mewn gwirionedd. Ro'dd yna lawer o adar, hefyd – rhai fel caneri, a pharot, ond ro'n nhw'n hedfan bant o hyd. Dw i wir yn gweld eu heisiau. Does dim lle yma i anifeiliaid anwes."

oed	11
pen-blwydd	Tachwedd
cartref	fflat ger Bae Caerdydd
teulu	mam a dwy chwaer, 8 (sy'n arlunydd da iawn) a 4 (sy'n siarad fel pwll y môr)
diddordebau	dawnsio, rap, actio, darllen, ysgrifennu a llawer o bethau eraill

"Taswn i'n gallu, hoffwn i stopo pobl rhag ymladd a dwyn pethau. Pan fydda i'n fawr, efallai y bydda i'n gallu teithio'r byd i ddweud wrthyn nhw am beidio."

Fatima

Dyma'r pethau mae Fatima'n eu hoffi:

✔ **peintio**
"Wnes i helpu myfyrwyr o'r Ysgol Gelf i wneud anferth o furlun lawr llawr.

✔ **dawnsio a gymnasteg a cherddoriaeth rap**
Dw i'n mynd i glwb lawr llawr bob nos; ry'n ni'n cael peintio a dawnsio-disgo ac actio; fe gymerais ran mewn cyngerdd yn y Gyfnewidfa Lo yn y Bae. A bob dydd Sadwrn, dw i'n nofio.

✔ **ysgrifennu**
Dw i'n cael marciau da yn yr ysgol am fy straeon hir. Dw i'n trio'u gwneud nhw'n gyffrous, gyda dechrau sy'n gafael yn syth, a dw i'n dweud pethau am fy mywyd yma wrth fy ffrindiau yn Sudan. Dw i'n cadw dyddiadur hefyd – un cyfrinachol.

✔ **darllen**
... llyfrau hir, bob nos cyn mynd i gysgu. Fy hoff lyfrau yw rhai Jacqueline Wilson a'r *Famous Five*. Dw i'n cael benthyg llyfrau o lyfrgell yr ysgol, ac mae gen i gerdyn nawr i Lyfrgell Caerdydd.

✔ **coginio**
Weithiau dyw merched ddim yn hoffi coginio, ond mi rydw i. Dw i'n coginio *spaghetti* a nwdls i ni, a dw i'n hoffi treialu pethau newydd. Stecen, peli cig, ffowlyn a *pizza* yw fy hoff fwydydd i.

✔ **canu'r piano**
Dw i'n chwarae caneuon plant ac alawon Arabaidd a nawr dw i'n cael gwersi ar ddydd Sadwrn.

✔ **gwylio ...**
MTV, cartwnau a *The Ministry of Mayhem*.

✔ **ymweld â llefydd**
... fel Bannau Brycheiniog, Castell Coch, Sain Ffagan a Phenrhyn Gŵyr, lle arhoson ni mewn pabell a gwlychu'n shwps!"

Dyma'r pethau dyw hi ddim yn eu hoffi:

✘ "Dw i wir yn casáu mynd â'r dillad brwnt i'w golchi. Mae'r ystafell olchi'n mynd yn llawn iawn a dw i'n gorfod aros – mae e mor ddiflas. A dw i ddim yn hoffi gweld fy chwiorydd, Sahar a Leena, yn dod â'u ffrindiau i'r fflat achos maen nhw'n anniben gyda'r teganau, a ddim yn rhoi pethau i gadw. Ac yna dw i'n tacluso pethau."

Beth am yr ysgol?

"Dw i'n mynd i ysgol Saesneg yn yr wythnos, ac i ysgol Arabeg ar ddydd Sul. Dw i'n cael gwersi Cymraeg yn yr ysgol Saesneg – dw i'n gwybod pwy oedd Dewi Sant! Dw i'n hoffi gwyddoniaeth a hanes a chelf ac ymarfer corff. Yn yr iard, nethon ni ardd Islamaidd fel seren wyth pwynt o gerrig mân lliwgar, a phum coeden fel pum piler Islam, a gardd berlysiau, a seddau i bobl eistedd arnynt. Roedd yna lun ohonom yn y papur gyda'r ardd achos enillon ni gystadleuaeth genedlaethol. Ro'n i'n hapus iawn.

Fi yw arweinydd ein cyngor ysgol – ry'n ni'n delio â phobl sy'n ymladd, ac yn trio atal taflu sbwriel a phethau fel 'na. Geson ni ein henwebu gan y plant eraill. Hoffwn i feddwl i mi gael fy newis achos bo fi'n hoffi heddwch a threfn, ac yn fodlon gwrando ar bobl. Fe fyddai'n well gen i gael fy newis am fy mhersonoliaeth na jyst achos bo fi'n ffrindie â rhywun."

Ysgol Arabeg

"Ar ddydd Sul, mae popeth yn Arabeg. Ry'n ni'n dysgu am grefydd ac yn darllen y Qur'an. Mae fy nosbarth i'n astudio ar gyfer TGAU Arabeg. Mae Mam yn siarad Arabeg gyda ni yn y tŷ, er ei bod hi'n siarad Saesneg yn dda iawn. Mae ganddi radd mewn econometreg ac mae'n dal i astudio. Mae arni ofn i ni anghofio'r Arabeg achos taw dim ond ar ddydd Sul ry'n ni'n ei chlywed. Weithiau, dw i'n siarad Saesneg gyda Sahar a Leena. Ond pan fydda i'n sgwennu at fy ffrindiau a fy nheulu yn Sudan a Dubai a Sweden ac UDA, dw i bob amser yn sgwennu yn Arabeg."

Mae Fatima'n dweud ei bod yn teimlo'n grac ac yn drist ...

"pan fydd fy chwiorydd ddim yn helpu, a phan fydd pobl yn sgrechian arnoch, neu yn eich gwrthod chi, neu ddim am fod yn ffrindiau. Ac os bydd unrhyw un yn ymladd â fy chwiorydd, dw i bob amser yn mynd i ddweud wrth rywun."

Pan fydd Fatima'n fawr

... fe fyddai'n hoffi bod yn ddoctor. "Mae gen i ewythr sy'n feddyg," meddai. "Ro'n i'n arfer chwarae doctor a chlaf – ffeindio beth sydd o'i le – ond dw i ddim yn hoffi meddwl am dynnu gwaed."

Beth sy'n ei gwneud hi'n hapus?

"... clywed oddi wrth fy nheulu, achos dw i'n falch iawn o fy nhad-cu sy'n uwch-farnwr ffederal, a fy mam-gu sy'n rhoi cyngor gydag addysg, a f'ewyrth sy'n athro niwroleg, a fy modryb sy'n athro patholeg – dw i'n gweld eu heisiau.

... ac

Eid, sy'n ŵyl fawr iawn i Fwslimiaid fel ni. Mae'n digwydd ar ôl Ramadan, sy'n amser pan fydd pobl mewn oed yn ymprydio. Ry'n ni'n cael dillad newydd ac yn mynd i'r mosg, ac yn cael anrhegion ac arian a does 'na ddim ysgol. Ry'n ni'n cael bwyd arbennig, fel Kisra, sy fel bara tenau gyda math o saws."

Efallai, rhyw ddiwrnod ...

Meddai Fatima, "Fe ddaw 'mreuddwyd i'n wir ac fe gaf i fila enfawr, ag ystafell wely i mi fy hun, wedi'i haddurno mewn porffor, hufen, neu las, a theledu a stereo personol, a rhywle y galla i nofio – lle fydd â jyngl neu fforest law. Efallai yn Awstralia, neu ar ynys yn y Caribî?"

A wyddost ti?

- fod un o adeiladau newydd mwyaf cyffrous y byd yn sefyll ger y dŵr ym Mae Caerdydd? Mae Canolfan Mileniwm Cymru wedi'i hadeiladu o garreg, llechen, gwydr a dur Cymru. Mae'r ffenestri uchel mewn siâp llythrennau yn sillafu geiriau'r bardd Gwyneth Lewis: 'Creu Gwir Fel Gwydr O Ffwrnais Awen / In These Stones Horizons Sing'. Wrth i'r haul fachlud, mae'r ffenestri'n sgleinio fel gemau. Gallet ti weld opera, sioe gerdd a bale yn y ganolfan hon, a agorodd yn Nhachwedd 2004.

- fod gan Urdd Gobaith Cymru – un o fudiadau ieuenctid mwyaf Ewrop – ganolfan yn yr adeilad newydd? Cafodd yr Urdd ei sefydlu ym 1922 gan Syr Ifan ab Owen Edwards. Efallai dy fod wedi bod yn un o wersylloedd yr Urdd, yn nofio, merlota, sgïo neu'n gwneud rhyw weithgaredd arall. O hyn ymlaen, fe allet fod yn un o'r 10,000 o bobl ifainc fydd yn aros dros nos yn y ganolfan newydd, fel rhan o weithdy neu berfformiad. Efallai, hefyd, y byddi yno i gymryd rhan yng ngŵyl ieuenctid fwyaf Ewrop, Eisteddfod Genedlaethol yr Urdd, sydd yn cael ei chynnal yno bob pedair blynedd. Mae mwy'n cystadlu yn Eisteddfod yr Urdd nag sy'n cymryd rhan yn y Gemau Olympaidd! Am fwy o wybodaeth, tro at y wefan (brysur iawn): www.urdd.org

Sion

oed	9
pen-blwydd	Hydref
cartref	Eifionydd, Gwynedd
teulu	rhieni, chwaer, 7, brawd, 5
diddordebau	dawnsio, peintio, canu, rhedeg a Ffrangeg

"Dw i'n gallu siarad Cymraeg, Saesneg a Ffrangeg, ond Cymraeg ydi'r gorau! Cymraes ydi Mam, ond mae gen i gyfenw Ffrengig am mai Ffrancwr ydi Dad. Mae pobl ddiarth yn 'i ddeud o'n anghywir, ond 'Eber' yw'r ffordd gywir o'i ddeud o."

Sion a *Français*

Cafodd Sion ei eni yn Ffrainc, ond symudodd y teulu i Gymru pan oedd o'n bum mis oed. Rŵan mae o'n byw mewn rhan o Gymru sy'n boblogaidd iawn gan ymwelwyr am ei bod yn ardal mor eithriadol o hardd.

"Mae Dad yn siarad Ffrangeg hefo fi o hyd, a dw i'n mynd i weld Mami a Papi (Taid a Nain) bob blwyddyn. Maen nhw'n byw ym Mharis a La Baule, a dim ond Ffrangeg fydda i'n siarad hefo nhw. Maen nhw'n fy ngalw i'n 'Siyn'. Mae Mam yn siarad Ffrangeg yn dda hefyd, ond dw i byth yn siarad Ffrangeg hefo hi. Mae'n teimlo'n od."

Bwyd Ffrengig

"Dw i'n hoffi Ffrainc. Mae 'na lan y môr braf yna, ond gormod o salad a tomatos. Ond mae'r *crêpes* (y rhai siocled a'r rhai sy'n mynd ar dân) yn neis, a'r pwdinau mae Papi yn eu gwneud, pethau fel *mousse* siocled ac ati. Dw i'n hoffi'r brecwast yno hefyd, powlen (binc!) o *chocolat* fel arfer, a *brioche* (math o fara melys), neu *croissant*, ond gartref yng Nghymru, dw i'n cael Weetabix."

Céline a Dylan

Mae Sion yn dweud bod Céline, ei chwaer saith oed, yn hoffi chwarae ysgol yn ei llofft, a gwneud llun a stori. Mae ei frawd bach Dylan, sy'n bump, yn hoff iawn o bryfed!

✓Dawnsio

Mae Sion wedi bod yn cael gwersi dawnsio ers blwyddyn gyda chwmni dawns. Mae'n dysgu 'dawnsio-actio' a meim a gwahanol symudiadau dawnsio modern. "Ro'n i'n hoffi dawnsio cynt, ond rŵan dw i'n dawnsio yn fy llofft bron bob nos. Mi fydda i'n gwylltio hefo Céline pan fydd hi'n dod i mewn i fy llofft i a finna'n trio dawnsio rhywbeth dw i wedi ei wneud i fyny. Dw i'n hoffi dawnsio i 'Cha Cha Slide' gan DJ Casper, a dw i'n hoffi'r ffordd mae Rachel Stevens yn dawnsio – a band S Club 8. Byddai'n dda cael band tebyg iddyn nhw yn Gymraeg – efallai y gwna i a fy ffrindiau ddechrau un."

✔Lluniau a pheintio

Ond dydy Sion ddim am fod yn ddawnsiwr pan fydd o'n ddyn. Byddai'n well ganddo weithio ym myd hysbysebu, am ei fod yn hoffi creu lluniau. "Mae fy llofft i'n llawn o luniau o bob math – dw i hyd yn oed wedi peintio'r wardrob. Technoleg a chelf ydy fy hoff bynciau yn yr ysgol, a dw i wrth fy modd yn peintio, gwneud crochenwaith ac argraffu ac ati."

helo	ça va	(sa fa)
bore da	bonjour	(bonjŵr)
os gwelwch yn dda	s'il vous plaît	(sîl-fw-ple)
diolch	merci	(mer-si)
hwyl fawr/da boch	au revoir	(o refwâr)
dŵr	l'eau	(l'ô)
afal	une pomme	(iwn pomm)
sglodion	les frites	(lê ffrît)
creision	les chips	(lê shîps)
hufen iâ	une glace	(iwn glass)
un, dau, tri	un/une*, deux, trois	(yyn/iwn, dyy, trwa)
Dw i eisiau bwyd	J'ai faim	(Shê ffam)
Dw i eisiau diod	J'ai soif	(Shê swaf)
Dw i wedi blino	Je suis fatigué	(Shê swi ffatigê)
Cymro/Cymraes ydw i	Je suis gallois/galloise*	(Shê swi galwa/galwaz)
Cymru	Le Pays de Galles	(Lyy Pei dyy Gal)

*yn dibynnu ar genedl yr enw

✔... a darllen ...

"Dw i'm yn darllen gymaint â hynny, ond dw i'n hoffi stwff Jacqueline Wilson a Roald Dahl. Dw i wedi gweld ffilmiau Harry Potter, sy'n cŵl, a dw i'n hoffi *Cat in the Hat* a *Shrek* hefyd. A dw i'n hoff o ddarllen a sgwennu storis, rhai antur a dirgelwch."

✔... a siopa!

Hoff siop Sion yw Ikea. Pam? "Am fod ganddyn nhw bethau modern, llawn steil. Dw i wrth fy modd yn treulio diwrnod cyfan yn mynd rownd y siop, ac mae gen i lamp o Ikea yn fy llofft. Dw i'n mynd i gael tŷ'n llawn o bethau Ikea pan fydda i'n hŷn. Ond bydda i'n siŵr o gadw'r llun Bambi wnaeth Papi i mi pan o'n i'n fach, a sampleri gafodd eu gwneud pan ges i 'ngeni. A Cara, ci tedi ges i Nadolig diwethaf gan Santa Clôs."

Twristiaid

Mae miloedd o dwristiaid yn dod i Eifionydd i fwynhau'r môr a'r mynyddoedd, ac i ymweld â llefydd fel Castell Cricieth ac Amgueddfa Lloyd George yn Llanystumdwy. Mae llawer o'r bobl leol yn gweithio yn y diwydiant croeso. *Chef* yw tad Sion, oedd yn arfer cadw tŷ bwyta, ac mae ei fam yn gweithio mewn gwesty. Mae'r teulu hefyd yn cadw pobl ddiarth yn y bythynnod yn ymyl y tŷ.

"Weithiau mae 'na blant yn dod i aros a 'dan ni'n chwarae hefo nhw. Maen nhw'n dod o drefi fel Llundain a Manceinion fel arfer, a Chaerdydd weithiau. Maen nhw'n hoffi mynd i'r caeau at yr ŵyn bach a'r defaid, a mynd ar y si-so a'r *swings*. Maen nhw'n deud pethau fel: "*This place is cool!*" a "*This place is humungous!*" Achos lle maen nhw'n byw, does na'm anifeiliaid ffarm na choedwigoedd. Rhaid i mi ddweud, dw i'n licio byw yn fa'ma, yng nghanol nunlle, yn y wlad."

Harry

oed	8
pen-blwydd	Mawrth
cartref	tŷ teras mewn pentref ger Parc Cenedlaethol Bannau Brycheiniog
teulu	Mam yma yng Nghymru, tad yn Llundain a mam-gu yn Llwydlo
diddordebau	cadw'n heini, karate, beicio mynydd, ceir, y trwmped a darllen

Bron gan mlynedd yn ôl, roedd hen fam-gu Harry yn byw yn y tŷ lle mae e a'i fam yn byw nawr. O'r tŷ, maen nhw'n gweld mynydd 'Y Cawr Cwsg'. Ar ochr arall y mynydd mae Canolfan Dan yr Ogof. "Lle da yw'r ogofeydd yno i blant sy'n hoffi deinosoriaid a ffosiliau."

Yr ysgol

Mae ysgol Harry'n ddigon agos i'w gartref iddo gerdded yno bob dydd. "Mae rhai pynciau'n cael eu dysgu drwy'r Saesneg, a rhai drwy'r Gymraeg. Maths yw'n hoff bwnc i. Dw i'n dda yn hanes hefyd, a dw i'n lico gweithio ar y cyfrifiadur. Ond gweld fy ffrindiau yno yw'r peth gorau." Fe ddechreuodd ddysgu'r trwmped yno hefyd, ac mae newydd ennill Tystysgrif Arian yr arholiad Pres Iau. Efallai, rhyw ddiwrnod, bydd Harry'n cael chwarae yn un o fandiau pres enwog yr ardal.

"Pan ych chi wedi cyrraedd at radd pump y gwregys du, chi'n gwybod popeth."

Harry

Clwb Carco

Ar ôl ysgol, bydd Harry'n mynd i'r clwb-wedi-ysgol. "Mae Mam yn gweithio tan 5.30 a gall hi ddim fy nghasglu i o'r ysgol. Ry'n ni'n chwarae pŵl ac mae yna Playstation. A mobis, pethau â dwy olwyn mae'n rhaid i chi drio sefyll arnyn nhw, a pheiriannau DVD a fideo. Yn y gaeaf, ry'n ni'n cael gwaith crefft a dw i'n lico gwneud awyrennau papur. Mae'n hwyl achos chi'n cael cwrdd â ffrindie newydd."

Cadw'n heini

Mae hyn yn bwysig i Harry. "Dw i'n lico sgipio; mae'r bechgyn eraill yn meddwl bo sgipio'n ferchetaidd, ond mae'n ffordd ardderchog o gadw'n heini." Mae Harry'n ceisio bwyta'n iach hefyd. Plataid o wahanol ffrwythau yw ei hoff fwyd, ac fe fydde fe'n dewis afal o flaen bar siocled unrhyw bryd.

Karate

Dyma rywbeth arall sy'n cadw Harry'n heini. Mae'n mynd ddwywaith yr wythnos i glwb karate ac mae'n barod ar ei bumed gwregys: gwregys gwyrdd â streipen wen. "Mae'n hyfforddwr ni'n foi ffein; 'smo fe'n gweiddi arnoch chi. Gyda karate, mae yna lawer i chi gofio. Rhaid gwneud dyrne gyda'ch dwylo, rhoi un dwrn wrth eich gên ac iwso'r dwrn arall mewn lot o wahanol ffyrdd." Mae Harry'n teimlo bod karate wedi bod yn help mawr iddo. "Mae wedi helpu fi i amddiffyn fy hunan, a dysgu hunan-ddisgyblaeth hefyd. Chi'n dysgu peidio â chynhyrfu os bydd rhywun yn pigo arnoch chi." Nod Harry yw cyrraedd safon y gwregys du. "Yn gyntaf, rhaid i fi ennill gwregys gwyrdd cadarn, wedyn dringo drwy'r lleill: rhai porffor, glas, brown ac yna ddu."

Trigger

Mae gan Harry gi o'r enw Trigger. "Dwy flwydd oed yw e, ond mae'n teimlo fel se fe wedi bod gyda ni erioed. Mae e'n dwlu cael mwytho'i fola pan fydd e'n gorwedd ar 'i gefn. Os bydd rhywun yn 'i boeni fe, mae e'n chwyrnu tamed bach."

Yn y tŷ

Pan fydd e gartre, bydd Harry'n mwynhau darllen. "Llyfrau antur a ias fydda i yn 'u hoffi." Weithiau hefyd bydd yn chwarae gemau cardiau, fel 'Parau' a gemau fel 'Spiderman 2' ar ei Playstation. Mae Harry'n gwybod llawer am geir ac mae'n hoff o ddarllen cylchgronau ceir a gwylio *Top Gear* a *Scrappy Races* lle bydd ceir yn cael eu hadeiladu o ddarnau sgrap. McLaren F1 yw ei hoff fodur. "Mae ganddo chwech gêr a phŵer 680. Dw i'n dwlu gwylio'r *Grand Prix* a'm hoff yrrwr i yw Ralf Schumacher."

A wyddost ti?

- y gallai pen uchaf Cwm Tawe fod yr union le i ti os wyt ti'n berson anturus, awyr-agored fel Harry? Mae'n ardal sy'n ffinio â Pharc Cenedlaethol Bannau Brycheiniog, lle sy'n cael ei warchod yn arbennig am ei fod yn un o 24 geoparc Ewrop. Yno fe elli di gymryd rhan mewn pob math o weithgareddau awyr agored, neu chwilota am raeadrau. Ond cymer ofal; gall llwybrau cefn gwlad fod yn llithrig.

- os ei di i Gaer-bont ar bwys Abercrâf, ac edrych draw at fryn Y Cribarth, fe weli di rywbeth tebyg i siâp dyn mawr yn gorwedd ar ei gefn. Chwilia ar wefan 'Y Cawr Cwsg': www.sgfnet.co.uk/welsh/index_w.htm i gael yr hanes – a beth am drio ysgrifennu dy stori dy hun am y cawr?

- pe baet ti'n digwydd cael picnic ym Mharc Gwledig Craig-y-nos, gerllaw Dan yr Ogof, gwranda'n ofalus. Efallai y clywi di seiniau annaearol opera Eidalaidd yn sibrwd yn y coed. Rhyw gan mlynedd yn ôl, y soprano fyd-enwog a chyfoethog Madam Adelina Patti oedd yn byw yn y castell gerllaw. Yn ei dydd, roedd hi mor enwog â Bryn Terfel, Katherine Jenkins neu Aled Jones. Fe gododd hi theatr fach a hyd yn oed orsaf drên bersonol er mwyn derbyn ei ffrindiau mewn steil. Cei fwy o'i hanes yn y *Cydymaith i Lenyddiaeth Cymru*, sydd wedi ei gyhoeddi gan Wasg Prifysgol Cymru.

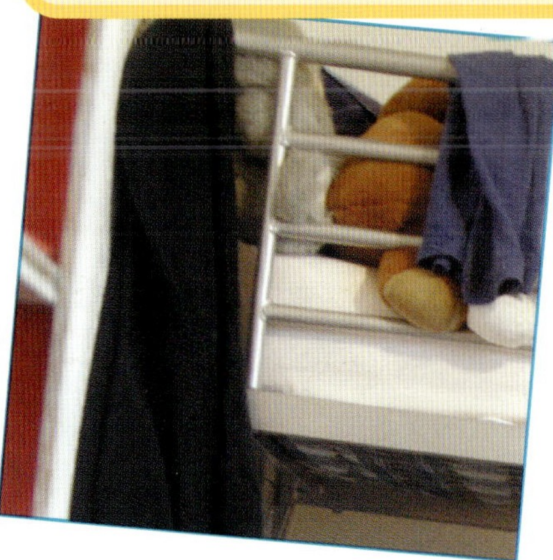

Ar lan y môr

Un o hoff lefydd Harry yw Tenerife. "Mae Mam yn nabod rhywun sydd â fflat yno, a weithiau byddwn ni'n mynd i aros ynddi. Mae yna bwll nofio, parc dŵr a pharc jyngl." Ond bydd Harry hefyd yn mwynhau gwersylla yn Niwgwl, Sir Benfro. "Mae'r tonnau'n enfawr a dim ond fy ffrind a fi sy'n ddigon dewr i fynd i'r môr!"

Mynd i weld y teulu

Mae gan Harry deulu yn Lloegr. Pan fydd e'n mynd at ei dad yn Llundain, maen nhw'n ymweld â'r Amgueddfa Wyddoniaeth a'r Amgueddfa Astudiaethau Natur. Yn Llwydlo mae ei fam-gu'n byw. Mae ganddi ddau gi *Dalmatian*. Mae Harry a'i gefnder o Fanceinion wrth eu bodd yno yn chwarae gyda'r cŵn ar y lawnt fawr sydd ganddi yn y cefn.

Beicio mynydd

Tra yn Llwydlo, bydd Harry yn ymarfer beicio mynydd ar drac sydd i lawr y rhiw. "Chi'n gorfod dringo reit i dop y rhiw serth yma, ond wrth i chi fynd lawr, chi'n teimlo bod y dringo wedi bod werth e." Unwaith y flwyddyn, mae treial yn cael ei gynnal. Harry yw'r person ifancaf yn y grŵp sy nesaf at y goreuon. "Dw i'n cymryd 15 munud a 25 eiliad i raso'r ddwy filltir achos bo fi'n cwrso'n glou iawn dros y jymps." Pan fydd e wrthi'n beicio, bydd Harry'n gwisgo gêr amddiffynnol. "Ar y dechrau, ro'n i'n arfer meddwl – pam fod ishe'r holl stwff yma arna i? Ond wedyn, fe weles i rywun yn cael damwain. Do'dd e ddim yn gwisgo padiau ysgwydd nac unrhywbeth, ac fe dorrodd ei wddw. Dyna sut y gwnes i sylweddoli bod gwir angen i chi amddiffyn eich hunan."

Llinos

oed	8
pen-blwydd	Mai
cartref	Wrecsam
teulu	rhieni, brawd, 14 a chwaer, 11
diddordebau	gemau cyfrifiadur, siopa, darllen, arlunio, jig-so a'i chi, Ben

"Dydy hi ddim yn ddrwg i gyd bod yn fach y nyth. Weithiau bydda i'n cael fy nifetha ychydig bach."

Llinos

Bywyd teulu

Mae mam Llinos yn gweithio fel cynorthwy-ydd dosbarth, a'i thad yn yrrwr lori teithiau hir. Gan fod yn rhaid iddo yrru i Iwerddon ac i Ewrop, bydd ei thad i ffwrdd yn aml. Mae Llinos yn dweud ei bod yn gweld ei eisiau yn fawr iawn. "Dw i'n colli rhywun i'w bryfocio a chwarae triciau arno. Dw i'n licio mynd ato'n ddistaw bach, tu ôl i'w gefn o, a neidio allan i'w ddychryn o! Mae'n braf pan fydd o'n dod adra. Bydd o fel arfer yn dod â da-da i mi."

Cymraeg yw iaith teulu Llinos. Er ei bod hi'n mynd i ysgol Gymraeg, dim ond tri neu bedwar o'i dosbarth sy'n dod o aelwyd Gymraeg. Bob haf, bydd hi'n mynd i aros gyda'i nain, sy'n byw ger Capel Garmon yng nghefn gwlad Sir Gonwy, lle mae hi'n cyfarfod â'i chefnder, Gethin, a'i chyfnitherod, Sioned a Ceri, a Pero a Twm, cŵn Nain.

"'Dan ni'n cael andros o hwyl hefo'n gilydd," meddai Llinos. "Mae gan Nain ardd enfawr, a haf dwytha' fe wnaethon ni *den* hefo dail a choed – lle da i guddio! Mynd i dŷ Nain yw 'mheth gorau i."

Yr ysgol

Mae Llinos wrth ei bodd yn mynd i'r ysgol. Mae'n mwynhau'n arbennig amser chwarae gyda'i phedwar ffrind gorau. Weithiau, os byddan nhw wedi canu'n dda iawn, neu os bydd yna haul, byddan nhw'n cael chwarae am bum munud ychwanegol. Mathemateg a thechnoleg yw ei hoff bynciau, ac mae hefyd yn hoffi AG a nofio. "Ond dw i'n ei chael hi'n reit anodd 'sgrifennu stori," meddai Llinos.

Yn ddiweddar, aeth Llinos ar daith ysgol i Gulliver's World yn Warrington. "Fy hoff beth i oedd y trên bach. Roedd o'n mynd o gylch y parc, fel eich bod chi'n medru gweld pob reid. Y canŵ oedd yr unig beth oedd yn fy nychryn. Pan 'dach chi'n disgyn at y dŵr, mae o'n sblasio ar eich pen chi nes eich bod yn wlyb diferol."

Hoff bethau Llinos

- ✔chwarae gemau Harry Potter ar y cyfrifiadur, naill ai ar ei phen ei hun neu gyda Leah
- ✔mynd i siopa yng nghanolfan siopa brysur Wrecsam. "Claire's Accessories ydy fy hoff siop, a bydda i wrth fy modd yn cael pethau at fy ngwallt," meddai Llinos.

✔ chwarae gyda Ben, ei chi, a mynd ag e am dro gyda'i brawd. "Un ofnadwy ydy Ben am gnoi pethau. Bu bron iddo fo ddifetha 'sgidiau Dyfed. Wnaeth o hyd yn oed drio cnoi Tedi! Rhaid i ni roi pethau o'i afael o i fyny'r grisiau."

✔ tynnu lluniau o bob mathau o bethau, ond yn enwedig o Ben – pan fydd yn gorwedd yn llonydd! "Mae Dyfed yn licio tynnu lluniau hefyd, ac mae Mam yn gwneud TGAU celf yn yr ysgol lle mae hi'n gweithio."

✔ gwneud jig-so gyda'i mam a gyda'i nain – rhai 500 darn

✔ darllen llyfrau fel *Harry Potter and the Prisoner of Azkaban*. Mae'n darllen llawer o lyfrau Cymraeg yn yr ysgol hefyd. "Weithiau bydda i'n prynu llyfrau, ac weithiau yn eu benthyca nhw o'r llyfrgell. Dw i'n licio llyfrau ffeithiol a straeon hefyd, a llyfrau jôcs."

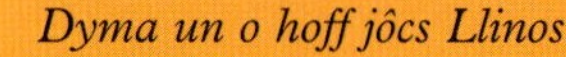

Dyma un o hoff jôcs Llinos:

C. Pam eisteddodd y cŵn wrth y tân?

A. Iddyn nhw gael bod yn gŵn poeth!

A beth sy'n gas ganddi?

✘ syrthio a chael ei brifo

✘ ei mam yn mynd i'r dref hebddi

✘ peidio â chael defnyddio'r cyfrifiadur

✘ ei brawd yn gweiddi arni.

Tywydd braf a chasglu pethau

Yn ogystal ag ymweld â'i nain a mynd i'r ysgol, bydd Llinos yn mwynhau tywydd braf – os nad oes gormod o haul. "Mi ges i losg haul unwaith, ac roedd hynny'n ofnadwy." Mae'n hoff o gasglu pethau hefyd. "Dw i'n casglu teganau o wyau Kinder, ac mae gin i gasgliad o anifeiliaid bychain ges i gin Nain. Dw i'n eu cadw nhw mewn bocs yn fy llofft."

A beth hoffai hi ei wneud yn y dyfodol?

"Baswn i'n licio gwneud rhywbeth hefo ceffylau. Dw i wir yn hoff o geffylau, er mai 'mond unwaith ces i fynd ar gefn un erioed, pan oeddwn i'n aros hefo Nain. Deudodd Mam wrtha i fod ei thad yn arfer reidio dipyn go lew unwaith."

A wyddost ti?

- fod dy frecwast di heddiw efallai wedi dod o Wrecsam? Ers dros 25 mlynedd, mae'r cwmni Americanaidd Kellogg's wedi bod â ffatri yno sy'n cynhyrchu grawnfwyd fel All-Bran, Frosties a Coco-pops. Ar ôl pacio'r grawnfwyd, mae'r cwmni'n rhoi unrhyw gardbord sydd yn wastraff i grwpiau meithrin neu gynllun chwarae lleol i wneud crefftau. Efallai bod Llinos wedi ei ddefnyddio pan oedd hi'n ferch fach.

- fod yna si bod llun y ceiliog sydd ar flychau cornfflêcs Kellogg's wedi cael ei ysbrydoli gan y gair 'ceiliog'? Yn ôl y sôn, roedd y delynores enwog Nansi Richards yn digwydd aros gyda'r teulu Kellogg yn America pan oedd y blwch yn cael ei ddylunio. Hi ddywedodd wrthyn nhw bod 'Kellogg' yn swnio'n debyg i'r gair Cymraeg 'ceiliog' – symbol reit addas ar gyfer bwyd brecwast!

- y gelli di weld un o Saith Rhyfeddod Cymru yn Wrecsam? Mae'n cael ei enwi yn y rhigwm Saesneg traddodiadol isod:

Pistyll Rhaeadr and Wrexham steeple,
Snowdon's mountains without its people,
Overton yew trees, St. Winefride's well,
Llangollen bridge and Gresford bells.

Ond tŵr 140 troedfedd, nid meindwr sydd gan Eglwys San Silyn yn Wrecsam. Mae gan y dref gysylltiad ag UDA hefyd. Mae tŵr ym Mhrifysgol Yale yn New Haven, Connecticut, sydd yn union yr un

fath. Mae hyn oherwydd bod teulu Elihu Yale, un o sefydlwyr y coleg, yn dod o ardal Wrecsam.

Chwilia am fwy o wybodaeth ar y rhyngrwyd.

Petai'n rhaid i ti restru Saith Rhyfeddod Cymru'r unfed ganrif ar hugain, tybed beth fyddai dy ddewis di?

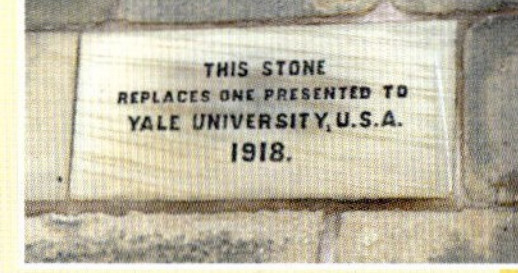

Arfon

oed	9
pen-blwydd	Ebrill
cartref	pentref bach ar fryn, hanner ffordd rhwng Merthyr a Phontypridd
teulu	rhieni a dau frawd, 12 a 11
diddordebau	ei boli parot, Gameboy a'r cyfrifiadur, seiclo a chwarae â'i ffrindiau

"Fi'n berson sy'n joio bywyd, ar y cyfan. Efallai bo fi'n siarad tamed bach gormod yn yr ysgol weithiau, ond fe ddylsen ni gael holi am bethau fel sillafu, neu am Dduw, neu am beth i'w wneud nesaf."

Teulu Arfon

Mae teulu Arfon ar ochr ei dad yn dod o Gernyw. Daeth ei hen dad-cu i dde Cymru ar ôl y Rhyfel Byd Cyntaf i chwilio am waith. Cafodd swydd yn y gwaith Phurnacite yn gwneud glo di-fwg, ac fe briododd a gwneud ei gartref yno yng Nghwm Cynon.

"Mae Tad-cu – tad dad – newydd farw, a byddwn ni i gyd yn gweld ei ishe fe lot fawr. Mae Mam-gu yn dal i fyw lan yr heol, ac mae Tad-cu a Mam-gu arall fi'n byw ar bwys hefyd. Mae mam Mam yn dod o'r Swistir ac mae'n gallu siarad Ffrangeg, Almaeneg a Saesneg – ond dim ond Rhys a fi sy'n gallu siarad Cymraeg yn ein teulu ni! Maen nhw i gyd yn falch iawn ohonon ni. Mae enwau Cymraeg gyda fi a fy mrodyr am fod Mam a Dad ishe i ni dyfu lan yn Gymry go-iawn. Mae Rhys yn mynd i'r ysgol fawr nawr, ac mae Dafydd yn cael addysg arbennig achos bod gydag e *autism*. Odd Dad arfer aros gartre i ofalu amdanom ni, ond nawr mae e'n gweitho tair awr bob dydd yn glanhau. Ac mae e'n arddwr ffantastig; dylsech chi weld ein gardd ni. Ac mae Mam yn stiwdent sy'n *traino* i fod yn weithiwr cymdeithasol gyda phlant sydd ishe help. Mae hi'n dweud 'i fod yn rhwyddach i fenywod nag i ddynion gael gwaith lle ry'n ni'n byw."

Gwaith tŷ

"Fi'n lico helpu yn y tŷ. Ar fore Sadwrn, fi'n glanhau, polisho a hwfro'n stafell, ac weithe'r stafelloedd eraill hefyd. Am wneud 'na, fi'n cael £1 o arian poced. Unwaith, fe ges i £5 achos odd Mam yn dweud bo fi wedi glanhau'n *excellent*. A fi'n gallu gwneud te. Fi'n dwlu yfed te, a fi'n mynd â disied i fy stafell. Fi sy'n gwneud y te. Mae Mam yn meddwl 'i fod e'n bwysig cael sgilie. Ond dyw hi ddim yn fodlon i fi gael cownt banc chwaith."

Anifeiliaid anwes

Mae gan Arfon hen gi o'r enw Megan, dau gerbil, pysgodyn aur mewn pwll yn yr ardd, a pholi parot, sy'n ddeg mis oed. "Dyna'r unig beth o'n i ishe'n anrheg Nadolig. Ei enw yw Capten Carhart, ar ôl capten llong oedd yn perthyn i ni. Mae yna stori bod ei long wedi cael ei dryllio mewn storm, rhywle ar bwys Maryland yn America yn 1799. Fe gafodd e 'i foddi, ac mae ei garreg fedd e i'w gweld yno o hyd, medden nhw. Fi'n dysgu'r parot i siarad Cymraeg a Saesneg nawr."

A beth am yr ysgol?

Mae Arfon wrth ei fodd yn yr ysgol, ac yn dwlu cymryd rhan mewn gwasanaethau a dramâu. "Unwaith, o'n i'n chwarae rhan twrci ac mae gyda ni fideo ohono i'n fflapio a chlegar. Nadolig diwetha, o'n i'n gardotyn a odd rhaid i fi wisgo dillad rhacs. A fi'n perthyn i'r Urdd; dw i wedi bod yn Llangrannog a chymryd rhan mewn dawnsio gwerin a chwaraeon yn yr Eisteddfod. 'Sdim ots 'da fi bo ni ddim yn ennill."

Mae Arfon hefyd yn chwarae rygbi i'r ysgol – asgellwr, fel arfer – "achos bo fi'n gallu rhedeg yn glou. Fi wedi rhedeg dros yr ysgol, pellter 1 cilometr. Licsen i allu rhedeg mor glou â Sonic y draenog. Neu Guto Nyth Brân!"

Mathemateg sydd orau ganddo, er ei fod yn hoffi pynciau eraill hefyd.

✔ "Yn Gymraeg, sgwennon ni stori am y bwystfil hyn odd yn hanner dyn a hanner creadur odd yn bwyta cnawd pobl ac yn byw ynghanol y drysni. Y Minotaur odd 'i enw e. Fe ges i farcie da achos bo fi wedi cofio cymaint o'r manylion."

✔ "Yn hanes, dysgon ni am injan stêm Trevithick lan yn Merthyr, ac am y bet rhwng Crawshay a Homfray."

✔ "Yn celf, wnes i dynnu llun fy mharot."

Mae gan ysgol Arfon system 'bydis' lle mae plant Blwyddyn Chwech yn gofalu am y babanod ac yn ceisio atal bwlian, a'u hannog i siarad Cymraeg. Mae Arfon bob amser yn trio helpu'r 'bydis' am ei fod yn casáu bwlian.

Hapus fel y pwnshyn

Mae Arfon yn dweud ei fod bron bob amser yn berson siriol. Mae e wrth ei fodd yn mynd mas ar y beic, chwarae rownd y pentref gyda'i ffrindiau, a mynd am dro gyda'r teulu.

"Ry'n ni'n mynd lan y mynydd. Unwaith odd pwll glo yna, ond mae'n wyrdd i gyd nawr. A fi'n dwlu ar wyliau. Unwaith, yn Corfu, fe welson ni bobl yn dawnsio ac yn jwmpo drwy'r tân, ac fe geson ni siarc i fwyta. A fi'n lico darllen jôcs a phosau mewn llyfrau fel yr *Horrible Histories*. A fi'n teimlo'n hapus iawn, iawn pan fydda i wedi gwneud rhywbeth sbesial o dda yn yr ysgol, neu gartref yn y tŷ."

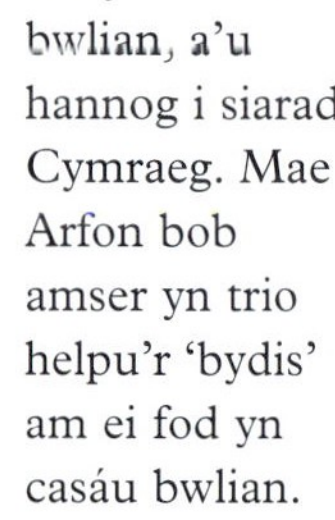

'Slawer dydd ...

● roedd Cwm Cynon a Chwm Taf yn arfer bod yn fwrlwm o sŵn a mwstwr diwydiant trwm. Roedd llawer o bobl yn gweithio yno yn y gweithfeydd haearn a'r pyllau glo. Roedd tunelli o haearn a glo yn cael eu cludo i lawr y dyffrynnoedd ar gamlesi i ddociau Caerdydd. A wyddost ti be'? Ym 1804, rhedodd yr injan stêm gyntaf o'i fath i fynd ar ffordd haearn ar y rheilffordd newydd o Penydarren, Merthyr Tudful lawr i'r Basin yn Abercynon. Dyn o'r enw Richard Trevithick oedd wedi ei dyfeisio. Fel Arfon, roedd gydag ef gysylltiad â Chernyw.

● **Bet y ddau ddyn talog**
Roedd Samuel Homfray mor siŵr y byddai peiriant ager Trevithick yn cludo'r haearn yn llawer cynt na'r gamlas, fe fetiodd e Richard Crawshay, un arall o berchnogion cyfoethog y gwaith haearn, swm o £1050 mai fe fyddai'n iawn. A fe oedd yn iawn, wrth gwrs!

● **A phwy oedd Guto Nyth Brân?**
Roedd Guto'n rhedwr cyflym iawn a gafodd ddiwedd trist. Mae'n cael ei goffáu mewn ras bob Nos Galan yn ardal Aberpennar. Chwilia ar y rhyngrwyd i gael mwy o wybodaeth amdano.

Siân

oed	10
pen-blwydd	Gorffennaf
cartref	tŷ ar fryn gerllaw Prestatyn, Sir y Fflint
teulu	rhieni, chwaer 12, a brawd, 2
diddordebau	gwylio adar, coginio, darllen, canu a chasglu pethau

"Dyma gartref ein breuddwydion. Mae'r tŷ ar gopa bryn sy'n edrych draw at Brestatyn ac Allt Melyd, ac ar ddiwrnod clir, fedrwch chi weld cyn belled ag Ynys Môn ac Ynys Seiriol. Bydda i bob amser yn teimlo'n hapus wrth weld yr olygfa yma."

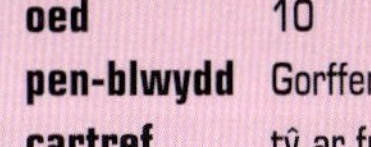

"Cartref ein breuddwydion"

Symudodd Siân a'i theulu i'w cartref ar y bryn ryw flwyddyn yn ôl.

Yng ngardd gefn y tŷ, mae yna sgerbwd o hen fwthyn. "Mae'n codi arswyd arna i," meddai Siân. "Tu ôl i ni, hefyd, mae yna goedwig sy'n arwain at 'ogofeydd y pysgod'. Bydda i a'm ffrindiau wrth ein bodd yn mynd yno, ond rhaid i ni fod yn ofalus iawn gan fod yna ddibyn o 150 troedfedd ar y pen."

Teulu Siân

Nyrs theatr mewn ysbyty yw mam Siân ac mae gan ei thad swydd gyda'r heddlu. Weithiau mae'n gorfod teithio i ddinasoedd eraill ym Mhrydain, gan ei fod yn gweithio i Gymdeithas yr Heddlu Croenddu.

Mae taid a nain Siân a'r rhan fwyaf o'i pherthnasau ar ochr ei mam yn byw ym Mhrestatyn, ond mae ganddi hefyd nain yn Trinidad, cartref ei thad. "Ces i 'ngeni yn Llundain, ac yna bues i'n byw yn Trinidad am flwyddyn, ond does gen i fawr o gof am hynny," meddai Siân. "Yna daethon ni yn ôl i fyw yng Nghymru. Dw i wedi bod yn ôl i Trinidad ddwywaith, unwaith pan oeddwn i'n saith, ac unwaith eto eleni. Mae mor gyffrous yno. Dw i'n dotio ar y tywydd poeth. Mae'n boeth yno hyd yn oed yn y glaw! Mae popeth mor wyrdd yno, a'r môr yn glir fel y grisial. Ac mae pawb yn gallu nofio, ac yn neidio i'r dŵr o'r cychod. Dw i'n dotio ar y drymiau dur ac ar y miwsig calypso hefyd.

Dw i wrth fy modd efo Nain Trinidad. Mae'n grychau i gyd, ac yn gwmni grêt. Dw i ddim yn gwybod faint ydy ei hoed hi – does neb yn gwybod, dim hyd yn oed Dad! Bydda i'n siarad â hi ar y ffôn yn aml. Ni yw'r unig wyrion sydd ganddi hi. Ond dw i'n drist fod Taid Trinidad wedi marw cyn i mi gael fy ngeni.

Mae Nana Prestatyn yn sbesial hefyd. Dw i'n ei gweld hi ddwywaith neu dair bob wythnos, a byddwn ni'n gwneud pob mathau o bethau hefo'n gilydd. Byddwn ni'n coginio, siopa neu lenwi croesair hefo'n gilydd."

Hoff bethau Siân

✔ gwylio adar
Hoff ystafell Siân yw'r lolfa haul. "Mae'n lle gwych i wylio adar. Mae gen i ysbienddrych, a llyfr cyfair i wirio enwau rhai ohonyn nhw. Byddwn ni'n gweld llawer o adar cyffredin, ond dw i hefyd wedi gweld llwyd y berth, telor y cnau a'r dringwr bach. Bydd fy nghath, TC, yn hoffi cadw cwmni i mi wrth i mi eu gwylio, ond mae o'n rhy ddiog i'w dal!"

✔ coginio
Mae Siân yn hoffi coginio, ac mae'n gallu gwneud *spaghetti bolognese* a chacennau. Mae'n arbennig o hoff o helpu pan fydd ei thad yn coginio. "Mae'n wych am wneud reis a chyri cyw iâr," meddai Siân.

✔ darllen
Ar y funud, hoff awdur Siân yw Michael Morpurgo. "Hoffais i *Cool!*, ac yn arbennig *Kensuke's Kingdom* ac *Out of the Ashes*."

✔ canu
Mae Siân yn hoff iawn o ganu, ac y llynedd, enillodd hi a'i chwaer, Karys, gystadleuaeth ganu mewn gŵyl ieuenctid ym Mhrestatyn. "Ni oedd yr unig rai heb feicroffon, a'r unig ddwy oedd yn dawnsio. Canon ni *All the things she said* gan t.A.T.u."

✔ hel pethau
"ar gyfer fy mocs pethau tlws, fel swyn gweddi o Trinidad, a bocs cadw gemau gan Rhys pan gafodd o'i eni, ac un o ddannedd Karys!"

✔ yr ysgol a ffrindiau
Mae Siân wrth ei bodd yn mynd i'r ysgol, ac mae'n arbennig o hoff o'i hathrawes, Miss Robinson. "Hi yw'r athrawes orau yn y byd i gyd. Mae'n hwyl, mae'n gwneud i mi chwerthin, ac mae'n gefnogol. Dw i wir yn hoffi dysgu. Dw i'n hoffi'r rhan fwyaf o bynciau, ond mathemateg sydd orau gen i." Mae gan Siân wyth ffrind gorau yn yr ysgol, ac maen nhw i gyd yn hoffi dod at ei gilydd i wrando ar gerddoriaeth a chynnal cystadlaethau canu.

Cas beth Siân

✘ ju-jitsu
Bydd Siân yn mynd i ddosbarthiadau ju-jitsu bob wythnos, ac mae ganddi hi a'i chwaer wregys melyn yr un eisoes. "Mae Mam yn meddwl ei bod yn bwysig inni ddysgu amddiffyn ein hunain, wedyn bydda i'n dal i fynd nes i mi ennill gwregys du, er 'mod i'n ei gasáu."

a phethau sy'n codi ei gwrychyn

✘ pobl yn ei phryfocio am liw ei chroen
✘ creulondeb tuag at anifeiliaid neu bobl
✘ difa fforestydd a'r amgylchfyd.

Atgof melysaf Siân ...

... oedd cael mynd i Camelot am wyliau, fel syrpreis. "Roedden ni'n meddwl ein bod jest yn mynd i rywle am y dydd, ond roedd Mam a Dad wedi cael lle i ni aros yno. Cafodd Karys a finnau amser gwych ar y ffigar-êt."

Gobeithion Siân ar gyfer y dyfodol

Byddai Siân wrth ei bodd yn canu caneuon pop, neu'n dawnsio, neu efallai rhywbeth ym myd ffasiwn – oni bai ei bod yn dilyn ei breuddwyd arall o weithio gyda byd natur. Beth bynnag a wnaiff hi, bydd hi'n sicr o'i gyflawni gydag egni a brwdfrydedd.

A wyddost ti?

• mai *Puffin Island* yw'r enw Saesneg ar Ynys Seiriol? Sant o'r chweched ganrif oedd Seiriol, oedd yn byw yno ar ei ben ei hun. Mae'n debyg y byddai'n arfer cerdded draw at Benmaenmawr dros Draeth Lafan, bancyn tywod a allai fod unwaith wedi cysylltu'r ynys a'r tir mawr. Mae'r enw Saesneg yn cyfeirio at y miloedd ar filoedd o balod a arferai nythu yno. Ond gostyngodd y niferoedd gan i gymaint ohonynt gael eu piclo mewn casgenni o finegr a sbeis a'u sglaffio gydag awch!

Jacob ac Efan

oed	11
pen-blwydd	Tachwedd
cartref	tŷ mewn pentref ym Mro Morgannwg
teulu	eu rhieni
diddordebau	rygbi, pêl-droed, cerddoriaeth, drama, darllen, dweud jôcs

Jacob Weithie mae'n boenus cael efaill achos weithie, chi'n cael y bai ar gam.

Efan Ni ddim bob amser yn ffrindie, ond ar y cyfan, mae'n well 'da fi fod ag efaill na pheidio.

Cyn bo hir, bydd yr efeilliaid yn gadael eu hysgol ym Maesteg, i'r gogledd o Benybont-ar-Ogwr, ac yn mynd i ysgol uwchradd ym Mro Morgannwg. Byddan nhw hefyd yn symud tŷ, i fod yn nes at yr ysgol.

Jacob Byddwn ni'n gallu aros i bethe ar ôl ysgol yn haws, wedyn. Mae Mam a Dad yn brifathrawon ac weithie mae'n anodd iddyn nhw ddod i nôl ni. Ond ni'n poeni tipyn am golli ffrindie.

Efan Ond bydd criw arall o ffrindie wedyn. A ni'n gallu gweld yr hen ffrindie ar benwythnos neu amser gwylie.

Y pethau gorau sydd wedi digwydd i'r efeilliaid ...

Jacob Bod ar y teledu yn lansio cryno-ddisg côr yr ysgol, ar ôl i ni ennill cystadleuaeth carol Radio Cymru.

Efan Ishde yn y sedde gore yn Stadiwm y Mileniwm yng Nghaerdydd a gweld Cymru'n whare Japan yng Nghwpan y Byd a gweld Gareth Thomas yn sgorio.

Y ddau ...a mynd i Florida, i Disneyland. A mynd ar wylie carafán i'r Eisteddfod, a Ffrainc, ac i lefydd yng Nghymru a Lloegr.

Efan Ie! A gweld geirie od mewn ieithoedd eraill, fel *Oui!* yn Ffrangeg! Mae'r *den* mas yr ardd yn ein cartre newydd yn ocê hefyd.

A'r pethau gwaethaf?

Efan Gorfod aros hanner awr tra bod Jac yn cael gwers biano.

Jacob Gorfod aros i Efan gael 'i wers biano fe. A mynd i brynu dillad.

Beth am ddillad ...?

Efan Pan o'n ni'n fach, o'n ni'n gwisgo 'run peth. Ond nawr, ni'n cael dewis ein dillad ein hunain achos bo Mam a Dad ishe i ni fod yn unigolion. Fi fel Dad, fi'n dwlu mynd i edrych ar ddillad. A fi'n lico edrych yn trendi, a rhoi jel ar fy ngwallt.

Jacob Ych-a-fi. Fi'n hêto siopa. Fel Mam. A fi ddim hyd yn oed yn lico brwsho 'ngwallt i.

Efeilliaid sydd yr un ffunud â'i gilydd yw Jacob ac Efan. Cafodd Jacob ei eni naw munud cyn Efan.

Jacob *Efan*

Anifeiliaid anwes?

Jacob Mae gyda ni gath, Siglen. A dwy gwningen, Arwen ar ôl y fenyw yn *Lord of the Rings*, a Caradog, achos bod e'n filwr Celtaidd. Maen nhw'n cael dod mewn i'r tŷ.

Efan A mae 'da ni ddau bysgodyn aur. Nemo Simpson yw enw un fi, a Montgomery yw enw un Jac.

Diddordebau?

✔**Rygbi ...**

Jacob Fi'n flaenasgellwr gyda thîm Ysgolion yr Ardal, ond mae ishe i fi wella fy nhaclo.

Efan Fi'n asgellwr neu weithiau'n ganolwr gyda'r un tîm.

Jacob Ni'n hyfforddi bob nos Lun a bore Sadwrn, ac yn chwarae i glwb arall ar fore Sul. A ni'n chwarae i dîm yr ysgol hefyd.

Efan Mae gyda fi gerdyn Nadolig wedi'i arwyddo gan Shane Williams.

Jacob Mae gyda fi lofnod Ieuan Evans.

✔Pêl-droed ...

Efan Fy hoff dîm i yw Lerpwl.

Jacob A Man United yw'n un i. A ni wedi bod yn Old Trafford. Fi'n hoffi gwylio pêl-droed ond mae'n well 'da fi whare rygbi.

Efan Fi'n hoffi gwneud y ddau.

✔Cerddoriaeth ...

gwersi piano ar nos Lun ar ôl rygbi, ac mae Efan yn dysgu clarinét a Jacob y ffliwt a'r delyn yn yr ysgol.

Efan A chanu yn y côr. Canodd y côr yn y Blygain yn yr eglwys ar bwys yr ysgol.

Jacob Rwy'n hoffi cyfansoddi hefyd.

✔A drama ...

Jacob Fi wedi mwynhau actio rhan o'r llyfr *Perthyn dim i'n teulu ni*, a ges i brif ran yn sioeau'r ysgol a'r grŵp llefaru. Fi'n lico sgwennu hefyd ac enilles i gader fach yn steddfod yr ysgol am sgwennu am Grampy fi.

Efan Daeth y Fari Lwyd i'r ysgol ac odd dyn â phen ceffyl yn canu tu fewn a tu fas i'r drws, a odd gyda'r ceffyl lyged gwydr, a brethyn ar ei gluste, a rhubane ar ei ben.

✔A darllen ...

Jacob Fi wedi bod yn y cwis llyfre sawl gwaith. Fi wedi darllen *Ta ta Tryweryn*, stori wir am foddi Tryweryn. Fi'n

darllen lot. Pethe fel *Lord of the Rings*, a storis Narnia, a fi wedi prynu 13 o lyfrau cyfres *Secret Seven* Enid Blyton gydag arian poced.

Efan Odd well 'da ni ffilm *Lord of the Rings* na un Harry Potter. Odd e'n fwy *scary*, a odd Frodo a Gollum yn cael eu hactio'n dda.

✔A gwylio teledu ...

Y ddau Pethe fel yr *A-team*, *The Bill*, *Pobol y Cwm*, *Planed Plant*, *Simpsons*, *Goodnight Mr Tom* a *What the Romans did for us*.

✔A bod yn Sgowtiaid a mynd i wersylla ...

Jacob Chi'n cael rhoi lampe ar eich pen i fynd mas yn y nos.

✔a dweud jôcs ...

Jacob Cnoc, cnoc.
Pwy sy 'na?
Pet.
Pet pwy?
Petaet ti'n agor y drws wna' i ddweud wrthot ti.

Efan Cnoc, cnoc.
Pwy sy 'na?
Alana.
Alana pwy?
Alana-môr mae carreg wastad.....

A wyddost ti?

... fod stori enwog 'Y Ferch o Gefn Ydfa' yn gysylltiedig â phentref Llangynwyd, sy'n weddol agos i gyn-ysgol yr efeilliaid? Roedd Ann Thomas yn byw ar fferm Cefn Ydfa ac wedi syrthio mewn cariad â Wil Hopcyn, töwr a bardd tlawd o'r ardal. Ond roedd ei llysdad, Anthony Maddocks, yn gwrthod gadael iddi ei weld, achos ei fod am iddi briodi gŵr cyfoethog. Cafodd Ann ei chloi yn ei hystafell, ac o'r diwedd, torrodd ei chalon a marw. Os ewch chi i fynwent eglwys Llangynwyd, fe allwch chi weld beddau Ann a Wil.

Yr efeilliaid yn actio fel Anthony a Wil.

Mae'r efeilliaid yn teimlo'n ddiflas ...

Jacob ... pan fydda i wedi gwneud popeth yn iawn, fel gofyn yn neis i gael tro ar y cyfrifiadur, a wedyn neb yn sylwi, a dyw hwnna ddim yn deg...

Efan ... pan fydd rhywun yn windo fi lan achos bo fi wedi gadael y bêl drwodd yn y gôl – falle rhywun sy wedi ca'l ei ddewis i dîm yr ysgol, ac yn meddwl 'i fod e'n grêt.

... ac yn grac am yr ymladd yn Irac.

Jacob Falle, rhyw ddiwrnod, bydd rhywun yn sgwennu rhywbeth fel *Hitler's Hideout* am y cwtsh lle ffindon nhw Saddam Hussein.

A phe baent yn ennill miliwn o bunnau ...

Efan Byddwn i'n prynu car rasio, Honda McLaren F1. A chael *mansion* o aur i gyd. A chael unrhyw fwyd fyddwn i ishe, a phob dymuniad yn dod yn wir!

Jacob Byddwn i'n rhoi hanner yn y banc. A chwarter i elusen ymchwil i gancr, achos bod Gran wedi cael cancr, a iwso'r chwarter arall i fynd i Awstria a'r Almaen ac i weld pethau am hanes yr Ail Ryfel Byd.

Robert

oed	9
pen-blwydd	Ionawr
cartref	pentref cefn gwlad ger Corwen, Sir Ddinbych
teulu	rhieni a chwiorydd, 11 a 4
diddordebau	pêl-droed, darllen ac ysgrifennu braille, cerddoriaeth a seiclo

"Ar ein taith ysgol i Drayton Manor roedd yn rhaid i ni giwio am awr a hanner i fynd ar y reid 'Storm Force 10' ac yna ffeindiais i y gallech chi fynd i flaen y rhes os oeddech chi'n ddall!"

Robert a chwaraeon

Er bod Robert yn ddall, nid yw hyn yn ei rwystro rhag mwynhau yr un pethau â'i ffrindiau, fel chwarae pêl-droed gyda nhw.

"Dw i'n cefnogi Manchester United. Mae gin i ffwtbol â berynnau ynddi – pethau metal sy'n ei gwneud hi'n haws i mi ddod o hyd iddi. Dw i'n licio nofio hefyd a dw i'n dda iawn am wneud y torpido, sef nofio yn eich blaen; rwyf newydd gael Medal Efydd am nofio. Yn yr haf, dw i'n chwarae criced; dw i'n medru clywed ble mae'r bêl gan fod yna gloch ynddi. Fe wnes i roi cynnig ar bob ras ym mabolgampau'r ysgol. Yn y rasus clwydi, fe wnaeth Anti Nerys redeg hefo mi a bob tro roedd yna glwyd, roedd hi'n deud 'Neidia!'. Ond fe wnes i ddal i'w taro i lawr i gyd."

Teulu Robert

Mae mam Robert yn gweithio mewn cartref hen bobl, ac mae ei dad yn arddluniwr. Mae Robert wedi byw yn y pentref erioed, ac mae ganddo lawer o berthnasau yno.

Mae Robert a'i chwiorydd yn fêts. "Mae Kate yn dda am egluro be' sy'n digwydd ar y teledu neu yn y sinema, ac mae Emily'n fy helpu ac yn rhannu da-da hefo mi. Mae hi'n reit dda hefo ffwtbol, hefyd, fel Ben y ci. Ond weithiau, fe fydd o'n byrstio'r peli hefo'i ddannadd."

"Yn ein teulu ni, bob tro fydd yna rywbeth sbesial fel priodas neu ben-blwydd, rydan ni'n cael parti. Mae'r partïon bob amser yn wych. Priodas Gareth a Claire oedd un o'r diwrnodau gorau ges i erioed, pan ges i aros ar fy nhraed yn hwyr hefo fy nghefndryd. Roeddan ni'n dawnsio hyd hanner awr wedi un ar ddeg."

Gyda'r teulu, bydd Robert yn mynd am wyliau carafán a phabell. Mae wrth ei fodd yn mynd i lefydd fel Dyfnaint, Newcastle, Dinbych-y-pysgod a Phorthmadog. Ei hoff le yw Pwllheli, lle mae yna ddigonedd o bethau i'w gwneud.

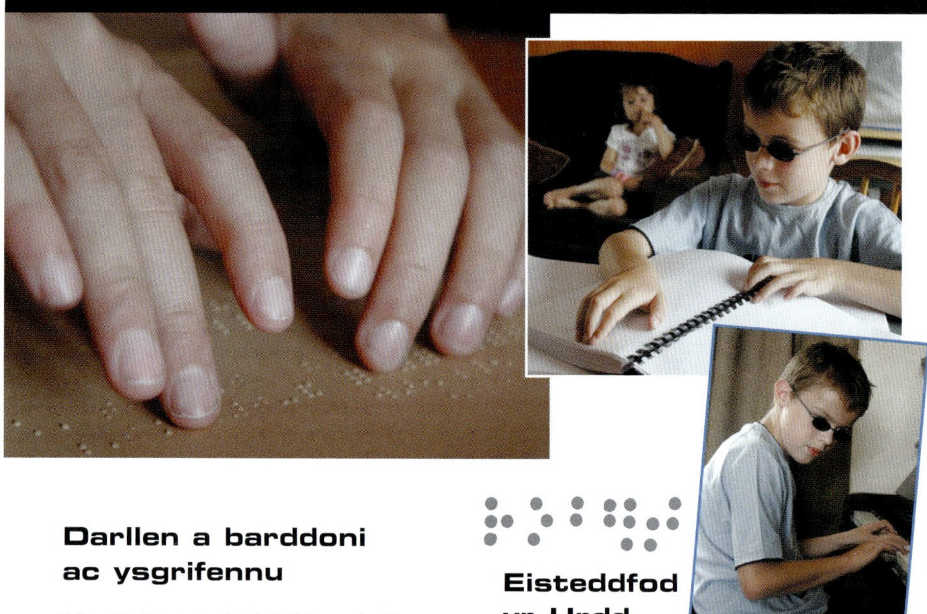

Darllen a barddoni ac ysgrifennu

Mae Robert wrth ei fodd yn darllen. Mae wedi mwynhau pob un o lyfrau Harry Potter, yn enwedig y pumed, a hefyd unrhyw beth gan Enid Blyton, Roald Dahl a Margaret Mahy. Mae hefyd wedi gwrando ar *Lord of the Rings* J.R.R. Tolkien. "A barddoniaeth – un da ydy *Thawing Frozen Frogs*, cyfrol o gerddi gan Brian Patten. Mae fy llyfrau i gyd mewn braille. Dw i'n eu cael nhw o'r llyfrgell leol neu'r LlGD/NLB (Llyfrgell Genedlaethol y Deillion) a rhai Cymraeg fel *Straeon dot com* oddi wrth RNIB Cymru. Mae'n hawdd dysgu darllen a sgrifennu braille."

Bob tro y bydd ganddo bum munud rhydd, bydd Robert yn troi at ei beiriant 'Brailler' i greu stori neu gerdd. "Fe ddes i'n gyntaf yn eisteddfod yr ysgol am stori a cherdd. Am un o'm ffrindiau oedd y gerdd."

Eisteddfod yr Urdd

Gall Robert ganu'r piano, y recorder a'r corn Ffrengig ac mae'n hoff iawn o wrando ar fandiau pop. Mae'n hoff iawn hefyd o baratoi at Eisteddfod yr Urdd.

"Mae'n hwyl go iawn; yn fy ysgol i rydan ni'n gwneud llawer o bethau at yr Eisteddfod. Eleni yn yr Adran Gelf a Chrefft fe ges i'r ail wobr am fy narlun. Ddes i'n ail hefyd am adrodd 'Smotiau' yn yr Eisteddfod Sir. Ond ro'n i'n llawer mwy nerfus yn yr Eisteddfod Gylch yn Llangollen. Roedd y lle mor fawr."

Bywyd ysgol

Mae'n gas gan Robert aros gartre os na fydd yn teimlo'n dda oherwydd ei fod yn hapus iawn yn yr ysgol, ac mae ganddo lawer o ffrindiau yno sy'n ei helpu. Mathemateg, Cymraeg a Saesneg yw ei hoff wersi, ac mae'n edrych ymlaen at ddysgu Ffrangeg yn yr ysgol uwchradd.

"Mae'n hysgol ni wedi'i chysylltu ag ysgol yn Nepal. Mae gan fy chwaer a fi ffrindiau rydan ni'n sgrifennu atyn nhw ddwywaith y tymor, a rydan ni wedi hel arian i'w helpu nhw i godi ysgol yno. Mae dau o'n hathrawon ni wedi bod i Nepal ac maen nhw'n medru deud llawer wrthym am y wlad."

Ar gefn beic

Er bod gan Robert ei feic ei hun, mae ganddo dandem yn ogystal, er mwyn cael mynd am dro gyda'i dad. "Ro'n i'n arfer syrthio'n aml, ond erbyn hyn dw i'n well o lawer a dw i'n medru troi o gwmpas mewn cylch hefyd."

Bwyta

Mae Robert yn hoff iawn o'i fwyd, ond mae'n gorfod dilyn diet braster isel. "Mae o wir yn fy ngwylltio. Fawr ddim o siocled, sgod a sglod na McDonald's. Ond dw i'n cael bwyta fy hoff bryd, caserol cyw iâr, a phwdinau fel crwmbwl neu deisen afal, a *spotted dick*. A *Turkish Delight*."

Pan fydd e'n fawr

Fe hoffai Robert fod yn awdur rhyw ddiwrnod. "Mae Mam yn meddwl y medrwn i fod yn gyfreithiwr. Byddwn wir yn licio gwaith lle y medrwn ddefnyddio fy llais."

A wyddost ti?

- Roedd Corwen yn ganolfan i'r porthmyn. Bydden nhw'n casglu yno er mwyn croesi Afon Dyfrdwy ar eu ffordd i werthu eu hanifeiliaid yn Lloegr. Dyma hefyd gartref y rhyfelwr Owain Glyndŵr yn y bymthegfed ganrif. Heb fod ymhell, mae'n bosib gweld olion ei gartref, a'r fan y cafodd ei gyhoeddi'n Dywysog Cymru gan ei gefnogwyr. Mae cofeb iddo yng Nghorwen.
- Roedd Abaty Valle Crucis yng Nglyn-dyfrdwy tu allan i Langollen yn arfer bod yn enwog am y croeso a'r bwyd da oedd i'w cael yno. Mae gan y bardd o Gymro Gutyn Owain gerdd yn canmol yr Abad ac yn sôn ei bod hi fel Nadolig yn yr Abaty rownd y flwyddyn. Mae'n siŵr y byddai Robert wedi mwynhau'r dathlu yno!
- Mae tref Llangollen yn estyn croeso cynnes i bobl o bob cwr o'r byd ym mis Gorffennaf, adeg Eisteddfod Ryngwladol Llangollen. Byth er 1947, mae pobl wedi bod yn dod yno i ganu a dawnsio, fel arfer yn eu gwisgoedd traddodiadol lliwgar.
- Y Ffrancwr Louis Braille ddyfeisiodd ffordd o argraffu geiriau y mae modd eu darllen trwy gyffwrdd. Erbyn hyn mae llu o bethau – llyfrau, cerddoriaeth, biliau, papurau arholiad – ar gael gan yr RNIB mewn braille.

Emily

oed	11
pen-blwydd	Ionawr
cartref	tŷ ar bwys y môr yn Sir Benfro
teulu	hi a'i mam
diddordebau	hwylio a chwaraeon dŵr eraill, creaduriaid y môr, chwilota glan môr

"Byddai'n beth od iawn i beidio â byw ar bwys y môr. Taswn i'n byw mewn dinas, byddwn i'n gweld e'n ddierth iawn, rhwng y ceir a phopeth."

Emily

Ar lan y môr ...

Mae Emily'n dwlu byw ar arfordir de Sir Benfro ac mae'n mwynhau pob math o chwaraeon dŵr. Bu'n hwylio er yn bedair oed, ac mae hefyd yn caiaco, nofio, bordhwylio ac arfordiro. Mae'n egluro: "I arfordiro, rhaid i chi wisgo siwt wlyb a helmed. Gallwch chi ddringo ar hyd y creigiau, ond rhaid i chi gadw uwchben lefel y môr."

Unig blentyn yw Emily, ond mae ganddi deulu a llawer o ffrindiau sy'n byw gerllaw. Mae'n dweud ei bod yn hapus iawn gyda'u cwmni wrth iddi nofio neu gymryd rhan yn un o'r chwaraeon dŵr.

Mae gan fam Emily ysgol hwylio a bordhwylio, ac mae'r teulu hefyd yn trefnu teithiau cwch i ynysoedd Skomer a Skokholm. Mae Emily hefyd wrth ei bodd yn mynd allan ar y cwch, er ei bod yn cofio am un tro pan oedd hi'n falch i ddod adref.

"Unwaith, roedd 'na storm pan ro'n ni ar y cwch, ac fe geson ni amser gwael. Dechreues i fecso a fydden ni'n cyrraedd adre'n gyfan. Ond wrth edrych yn ôl, roedd e'n un o'r profiadau gorau i mi gael erioed."

Atgofion melys ...

Roedd tad-cu Emily'n arfer bod ym musnes y teulu, ond bu e farw'n ddiweddar. Roedd Emily yn agos iawn ato.

"Un o'r atgofion gorau sydd gyda fi am fy nhad-cu yw mynd i'w dŷ e pan oedd e a fy mam-gu'n dal yn fyw, a chael te ac aros y nos gyda nhw. Ro'n i'n arfer galw 'Damps' ar fy nhad-cu a phan fydda i'n meddwl amdano, dw i'n cofio'r hwyl geson ni a fel roedd e'n hala fi i chwerthin."

Gofalu am anifeiliaid ...

Nid yw'n syndod bod Emily yn dwlu hefyd ar anifeiliaid y môr. Mae hi'n hoff o ymweld â lloches leol i forloi, lle bydd morloi bach yn cael mynd os byddan nhw'n dost, neu ar ôl cael eu hachub o'r môr. Mae ganddyn nhw byllau nofio a theganau i'w difyrru, ac wedi iddyn nhw wella, maen nhw'n cael eu gollwng yn ôl i'r môr.

Mae Emily'n teimlo'n ddig iawn os bydd hi'n gweld unrhyw beth ar y teledu sy'n dangos pobl yn greulon tuag at anifeiliaid. "Pan fydda i'n henach, hoffwn i weithio gydag anifeiliaid, ond ddim fel milfeddyg, achos fyddwn i ddim am eu gweld yn marw," meddai.

Hoff bethau ...

✔Mae Emily'n hoffi casglu cerrig mân o'r traeth a darnau o wydr sydd wedi treulio, ac mae'n eu harddangos yn yr ystafell ymolchi gartref. Dyma rai o'u thrysorau: "Mae gyda fi fwclis gefes i oddi wrth fy mam-gu, a dw i'n dal i fod â rhai o'r teganau meddal oedd gyda fi pan ro'n i'n fach."

✔Ar wahân i Sir Benfro, hoff lefydd Emily yw Ffrainc a Groeg, ond ei lle delfrydol fyddai "unrhyw fan sy'n braf ac yn heulog".

✔Ar yr aelwyd, mae Emily'n mwynhau darllen rhai o lyfrau Harry Potter. Dyw hi ddim yn gwylio llawer o deledu, ond mae'n hoff o *Eastenders*, ac ambell gartŵn a ffilm. Weithiau, mae'n chwarae gemau cyfrifiadur fel *Sims*, gêm am ddylunio pobl a'u cartrefi a threfnu'u bywydau drostynt, a *Cybertime*, sy'n fath o gêm hanes gyda masgiau.

✔Hoff offeryn Emily yw'r recorder, a dysgodd ei ganu yn yr ysgol. Y gwersi sydd orau ganddi yw Saesneg, celf a drama; mae'n wir yn edrych ymlaen at astudio celf yn yr ysgol uwchradd, ac at gwrdd â ffrindiau newydd yno.

Y dyfodol ...

Ar hyn o bryd, yn ystod ei gwyliau, mae Emily'n gweithio yn siop a chaffi'r teulu. Mae'n helpu wrth y til ac yn gweini ar gwsmeriaid y caffi. "Dw i'n meddwl bod fy syms i'n gwella wrth weithio wrth y til. A dw i'n dod i arfer â siarad â phobl eraill hefyd."

Wrth dyfu, mae Emily hefyd yn edrych ymlaen at gael gwaith ac at gymryd cyfrifoldeb dros bethau. Mae'n hoff iawn o fabanod, a rhyw ddiwrnod, carai fod yn fam. Ond beth bynnag y gwnaiff hi pan fydd hi'n fawr, bydd hi'n debyg o fyw yn agos at y môr!

A wyddost ti?

- fod Skomer a Skokholm wedi cael eu henwau gan y Llychlynwyr a'r Daniaid a oedd yn hwylio o gwmpas arfordir Cymru yn ystod y nawfed ganrif?

- fod yr ynysoedd yn Warchodfeydd Natur Cenedlaethol sy'n enwog am fywyd gwyllt ac adar – gwylanod a gwylanod coesddu, palod, brain coesgoch a milfrain gwyn?

Os digwydd i ti fynd draw i'r ynysoedd ddiwedd yr haf neu yn yr hydref, efallai y byddi di'n gweld morloi bychain. Efallai y bydd dolffiniaid a llamhidyddion yn chwarae yn y tonnau! Ac efallai, os digwydd i ti fynd i Skomer wrth iddi nosi, os byddi di'n lwcus, cei glywed sgrech ryfedd y 160,000 o balod Manaw sy'n byw ar yr ynys. Bydd yn brofiad i'w gofio am byth. Aderyn swil iawn yw pâl Manaw sy'n byw mewn hen dyllau cwningod. Mae'n bwydo'r teulu yn ystod y nos, allan o olwg adar eraill.

- Ar ddiwrnod clir, efallai bydd Emily'n medru gweld ynys Gwales. Ynys fach yw Gwales sy'n edrych fel botwm crwn ymhell i'r gorllewin. Mae sôn am yr ynys hon yn rhai o hen chwedlau Cymru, sef y Mabinogi. Beth am ddarllen yr ail chwedl er mwyn cael hanes y saith milwr a arhosodd ar Gwales am 80 mlynedd yng nghwmni pen eu harweinydd, Bendigeidfran – neu beth am wylio ffilm gartŵn o'r stori?

Simeon

"*Dw i'n cael fy siomi pan fydd pobol yn y llywodraeth ddim yn gwrando ar blant nac yn meddwl fod ganddon ni syniadau da am bethau sy'n digwydd.*"

oed	10
pen-blwydd	Medi
cartref	Dinbych, gogledd-ddwyrain Cymru
teulu	rhieni, tri brawd ac un chwaer
diddordebau	pêl-droed, darllen, canu'r piano, gwylio ffilmiau a DVDs a choginio

Simeon

Teulu Simeon

Pabyddion yw teulu Simeon. Maen nhw i gyd yn mynd i'r eglwys ar ddydd Sul. Simeon yw bach y nyth. Mae ei frawd hynaf, Samuel, yn dysgu Saesneg tra'n teithio yng Ngranada ac India. Myfyrwraig mewn coleg chweched dosbarth yw Miriam, ei chwaer, ac mae Dominic a Gabriel, ei frodyr eraill, yn dal yn yr ysgol uwchradd. Newydd orffen hyfforddi i fod yn weithiwr cymdeithasol mae ei fam, ac mae ei dad yn seiciatrydd.

Mae'r teulu'n byw yn nhref gaerog, ganoloesol Dinbych. Mae yno gastell Normanaidd ysblennydd ar fryn, yn rhythu draw at y Moelydd a Dyffryn Clwyd. Mae cartre'r teulu ar un o'r mannau uchaf yn y dref, a lonydd serth a chul yn arwain i fyny ato. Roedd y tŷ'n arfer bod yn ysgol i ferched. "Ar y top, mae yna ffenest gron," meddai Simeon. "Ro'dd cloc yno unwaith."

Pawb a'i dasg

Oherwydd bod y teulu mor fawr, mae'n rhaid i bawb yn ei dro wneud tasg fel gosod y bwrdd, golchi'r llestri neu glirio pethau i'r domen.

"Dyna 'nghas beth i – mae'n drewi," meddai Simeon. "Mae gynnon ni rota hefyd i fynd â Moses y ci am dro bob dydd. Bob dydd Sadwrn, rydan ni'n mynd â fo i Eryri, i lefydd fel Betws-y-coed, neu Foel Siabod, y mynydd cynta' iddo ddringo erioed. Fe aeth o hanner ffordd i fyny'r Wyddfa, ond mi ddaeth y niwl. Hoff bethau Moses yw byta a chysgu, ond ei beth gorau ydi dŵr a nofio mewn rhaeadrau fel un Llanrhaeadr. Mochyn cwta, Coco, yw f'anifail anwes i. Mae'n cymryd tipyn go lew o amser i ofalu amdano. Dw i'n gorfod ei fwydo, glanhau 'i gatsh a chwarae hefo fo."

Gwyliau teulu

Fel arfer, mynd i wersylla fydd y teulu, yn aml ar deithiau cerdded i fynyddoedd y Pyreneau yn Sbaen. Maen nhw'n gorfod mynd â thair pabell. "Y rhannau gorau ydi pan fydd yna ryw hwyl ar ddiwedd y daith, fel sgrialu i lawr rhywle reit serth. Rydan ni'n lecio ogofeydd hefyd," eglurodd Simeon.

Yr ysgol

"Mae'n ocê. Celf, Saesneg (sgrifennu stori), technoleg, AG a TG ydy fy hoff bynciau," meddai Simeon. "Gweld fy ffrindiau ydi'r peth gorau. 'Does gen i ddim un mêt arbennig; dw i'n ffrindiau gyda llawer o'r bechgyn a fel arfer dw i jyst yn eu gweld nhw yn yr ysgol. Mi fydda i bob amser yn ddiflas pan fydd un ohonyn nhw'n symud."

Mae Simeon bob amser wrth ei fodd yn:

✔chwarae ac yn ysgrifennu stori ar y cyfrifiadur

✔chwarae ei hoff gêm, pêl-droed, gyda ffrindiau ac yn erbyn ysgolion eraill

✔darllen – ffuglen fel arfer, ac yn enwedig ffantasi. Mae e wedi darllen pob un ond dau o lyfrau Harry Potter. "Dw i'n lecio'r awdur Tamora Pierce, hefyd. Fe ddarllenais i fy hoff lyfr *The Mahabarata* bedair gwaith. Stori o India ydy hi, am ddau deulu brenhinol sy'n rhyfela yn erbyn ei gilydd."

✔canu'r piano, er nad yw'n ymarfer bob dydd

✔gwylio ffilmiau a DVDs, er nad oes gan y teulu set deledu. "Weithiau, ar benwythnos, fe fyddwn ni'n rhentu ffilm. Fy hoff rai ydy antur a chomedi, fel *Red Dwarf*."

✔coginio – weithiau. Llysieuwyr yw'r teulu. "Dw i'n reit hoff o goginio prydau melys, fel cacennau. Os bydda i'n pobi, sbwng blaen fydd hi. Fy hoff fwyd ydi *pizza*, pasta a sglods. Dw i ddim yn meindio lentils, 'mond eu bod nhw hefo rhywbeth arall."

Ac mae wedi gwirioni pan fydd hi'n ddydd Gwener, a phan fydd Lerpwl yn ennill!

Ond mae'n mynd yn grac pan:

✘"fydda i'n cwffio hefo un o 'mrodyr"

✘ "fydda i'n cael y bai am rywbeth dw i heb 'i wneud (yn aml achos mai fi ydi'r ieuengaf)"

✘ "fydda i'n gorfod gadael y cyfrifiadur, neu pan dw i'n chwarae ffwtbol ac yn gorfod dod i'r tŷ i newid"

✘ "fydd gwleidyddion yn gwneud penderfyniadau gwirion, fel bomio gwledydd eraill, neu'n peidio â gwahardd hela teigrod a difa fforestydd glaw."

A phan fydd Simeon wedi tyfu'n fawr ...

... fe hoffai actio neu ysgrifennu, a byw yn agos i'r môr "lle mae'n boeth, fel y Caribî neu'r Môr Canoldir." Beth bynnag fydd ei yrfa, mae Simeon yn gobeithio llwyddo, ac efallai ddod yn reit gyfoethog hefyd!

A wyddost ti?

- mai dyn o Ddinbych biau'r geiriau enwog "Dr Livingstone, I presume?"? Cafodd John Rowlands ei eni ym 1841 mewn bwthyn gerllaw'r castell. Ar ôl dianc i Lerpwl o'r wyrcws yn Llanelwy lle y cafodd ei fagu, aeth yn was ar long oedd yn mynd i New Orleans. Yn America, cafodd hyd i noddwr cyfoethog, a newidiodd ei enw i un llawer crandiach – Henry Morton Stanley. Trwy gymorth ei noddwr, daeth Stanley yn newyddiadurwr a fforiwr arloesol ac enwog. Ym 1869, aeth i chwilio am Dr David Livingstone yn nwyrain Affrica. Cenhadwr a fforiwr yno oedd Livingstone, a doedd neb wedi clywed gair oddi wrtho ers amser hir. Wedi teithio cannoedd o filltiroedd a chael anturiaethau arswydus, daeth Stanley o hyd iddo ger Llyn Tanganyika. Tynnodd ei het ac ebychodd gyda rhyddhad mawr: "Dr Livingstone, dw i'n cymryd?" Trueni na fuasai ganddo ffôn symudol – byddai hyn wedi arbed llawer o drafferth i bawb!
- fod sawl brwydr ffyrnig rhwng y Cymry a'r goresgynwyr o Normandi wedi digwydd yn Ninbych yn yr Oesoedd Canol? Ystyr Dinbych yw 'caer/castell bach'. Mae'r dre a'r castell hanner ffordd rhwng cestyll Rhuthun a Rhuddlan, yn union ar lwybr rhyfel byddinoedd y Cymry a'r Normaniaid. Mae Castell Dinbych yn rhan o'r gadwyn o gestyll cadarn a gododd Edward I i oresgyn y Cymry. Heddiw, fe allwch chi deimlo'n eithaf diogel yno – yr unig 'oresgynwyr' yw'r twristiaid sy'n dod i weld y castell ac efallai i fynd ar daith drwy'r dref . . .
- fod adeilad Gwasg Thomas Gee, 'seléb' arall o Ddinbych, yn dal yn y dref? Roedd Gee yn argraffydd, cyhoeddwr a golygydd cyfarwydd iawn yng Nghymru yn y bedwaredd ganrif ar bymtheg. Mewn amser pan doedd dim radio na theledu, roedd y papurau newydd bywiog, y cylchgronau, y geiriaduron a'r casgliadau o bregethau a barddoniaeth a arllwysai o Wasg Gee yn procio pobl i feddwl o ddifri am bethau oedd yn digwydd yng Nghymru ar y pryd.

Serena

oed	9
pen-blwydd	Mai
cartref	tref fach y Gelli Gandryll, Powys, ar y ffin rhwng Cymru a Lloegr
teulu	rhieni a dau frawd, 31 a 11
diddordebau	darllen ac ysgrifennu, gwaith llaw a gwaith graffeg, côr, pêl-rwyd

"Dw i'n gwybod bod y nefoedd lan yn yr awyr ond dw i ddim yn siŵr iawn sut le yw e. Dw i jest yn pwslo sut beth fydde bod wedi marw. Gallen i weld pawb, ond fydden nhw ddim yn 'y ngweld i. Tase rhywun yn pwslo ai ysbryd on i, bydden i'n ateb 'Iw-hŵ – dw i lan fan hyn!'"

Serena

Un pwys a phedair owns ar ddeg oedd pwysau Serena pan gafodd hi ei geni. Roedd yn rhaid iddi dreulio amser mewn crud cynnal i'w chadw yn ddiogel. "'Sgwn i sut beth oedd bod mewn crud cynnal. Dw i'n dychmygu ei fod yn arswydus cael yr holl diwbiau a gwifrau yna'n mynd mewn a mas. Achos bo fi'n fabi bach mor dda, galwon nhw fi'n Serena. Mae'r enw'n dod o'r gair Saesneg *serene*, sy'n golygu tawel a digynnwrf. Nawr, dw i bron mor dal â Daniel. Mae Mam yn meddwl bod hynny achos bo ni'n bwyta bwydydd iach erioed."

Serena a'i brodyr

Mae gan Serena frawd hŷn, Aaron, sydd yn 31. "Dw i'n hoff iawn o fy mrawd mawr Aaron achos mae e'n ddoniol, fel Dad. Trueni na fase fe'n byw fan hyn yn lle yn Llundain. Mae Daniel a finne weithiau'n cwympo mas dros bwy sy'n cael chwarae ar y Playstation. Ond dw i'n gwybod pan af i i'r ysgol fawr y bydd Daniel 'na os bydd rhywun yn fy mwlio i."

Anifeiliaid anwes

Mae gan Serena fochdew o'r enw Albert. "Braidd yn *boring* yw e, achos dim ond gyda'r nos mae e'n dihuno," meddai hi.

Tref y Llyfrau

Mae enw arall ar y Gelli, sef 'Tref y Llyfrau' gan fod dros 30 o siopau llyfrau yno. Mae tad Serena'n gwerthu llyfrau ail-law yn ei siop. "Dw i'n aros yn siop Dad pan fydd Mam yn gweithio. Dw i'n hoffi mynd i'r siop achos dw i'n mwynhau darllen ac mae yna lawer o *annuals* merched. Ffuglen dw i'n mwynhau orau, ond weithiau dw i'n lico llyfrau ffeithiol am anifeiliaid. Unwaith, ffeindies i lyfr grêt am holl anifeiliaid y byd – hyd yn oed y rhai meicrosgopig."

Pan fydd Serena'n fawr ...

... hoffai hi fod yn awdures gan ei bod yn mwynhau ysgrifennu storïau. "Storïau antur ac arswyd y'n nhw fel arfer, fel y rhai yn y gyfres *Goosebumps*. Dw i'n 'sgrifennu stori am flaidd-ddyn ar hyn o bryd. Ges i'r syniad o'r llyfr *Write your own Chillers* o'n i wedi'i fenthyg o'r llyfrgell."

Yr ysgol

"Mae gyda'n ysgol faner-eco, achos ry'n ni'n helpu gofalu am yr amgylchedd. Dw i wedi ennill gwobr am helpu yn siop ffrwythau'r ysgol. Mae Daniel yn cael gwaith cartre bob nos, ond dim ond ar nos Wener fydda i'n cael peth. Dw i'n dysgu Cymraeg ddwywaith yr wythnos, er dw i ddim yn siarad yr iaith yn rhugl a dweud y gwir. Dw i'n meddwl dylai pawb ddysgu Cymraeg rhag ofn i rywun ofyn cwestiwn i chi yn Gymraeg, achos tasech chi'n ffaelu ateb, falle bydden nhw'n meddwl bo chi bach yn rŵd."

Yn yr ysgol, cafodd Serena fwynhad mawr o wrando ar y rhaglen radio *The War of the Worlds* gan H. G. Wells. "Rhaglen oedd hi am beth fyddai'n digwydd petai *aliens* yn dod i'n byd," meddai Serena. "Ar y dechrau, o'dd ofn ofnadwy arnon ni achos ro'n ni'n meddwl fod e'n real. Falle bo fe'n real. Falle bod pethe'n digwydd ar blaned Mawrth dy'n ni'n gwybod dim amdanyn nhw ..."

O am organig

Bwyd organig yw'r rhan fwyaf o'r bwyd y bydd teulu Serena yn ei fwyta. Bwyd yw hwnnw sydd wedi ei dyfu heb unrhyw gemegau. "Mae dwy ardd gyda ni – un drws nesa i'r siop lyfrau, a pherllan." Maen nhw'n tyfu cennin, tatws, pwmpenni, brocoli, bresych, a llysiau salad. "O, a llawer o berlysiau," meddai Serena. "Mae Mam yn feddyg llysiau ac yn gweithio mewn cartre hen bobl hefyd. Mae'n cadw'r moddion mae'n 'i wneud o'r perlysiau mewn cwpwrdd sbesial yn 'stafell y cyfrifiadur. Pan fydd un ohonon ni'n dost, byddwn ni'n cael moddion llysiau yn lle mynd at y doctor."

Diddordebau eraill Serena

Mae Serena'n hoffi bod yn greadigol. "Dw i'n lico gwneud pethau o hen roliau tŷ bach ac ati. Ar ôl i Mam ddysgu fi i wau, fe wnes i glogyn bach i 'nghrwban Pokémon. Ces i ddisg i'r cyfrifiadur Nadolig diwetha gyda graffics – gallwch chi 'u rhoi ar gardie a gwneud posteri a chalendyrs a phob math o bethau." Mae Serena hefyd yn aelod o glybiau pêl-rwyd a chelf a chrefft, ac yn canu mewn côr. "Ry'n ni'n canu i'r hen bobl mewn gwesty pob Nadolig."

A wyddost ti?

- mai dyn lleol o'r enw Richard Booth gafodd y syniad o droi'r Gelli yn dref lyfrau? Ef a agorodd y siop llyfrau ail-law gyntaf yno ym 1961. Erbyn hyn, mae tua miliwn o lyfrau ar werth yno. Mr Booth biau castell y Gelli hefyd. Ac ef sy'n cael ei adnabod fel 'Brenin y Gelli Gandryll'.
- fod un o wyliau llyfrau enwocaf y byd yn digwydd bob haf yn y dref? Mae fel math o 'Olympics' y byd darllen ac ysgrifennu, ond heb y cystadlu. Cafodd Gŵyl y Gelli ei sefydlu ym 1988 gan Norman Florence a'i fab, Peter. Mae pobl o dros y byd i gyd sy'n hoff o lyfrau a darllen yn heidio yno i wrando ar feirdd ac awduron yn siarad am eu gwaith, ac mae'r sesiynau llyfrau plant yn boblogaidd iawn bob amser.
- fod pobl 'slawer dydd yn dibynnu'n llwyr ar feddyginiaethau a oedd wedi eu gwneud o berlysiau a phlanhigion lleol? Roedd Meddygon Myddfai yn ne Cymru yn enwog iawn amser maith yn ôl am ddefnyddio'r rhain i helpu pobl i wella.

Bydd Serena yn cael 50c o arian poced bob wythnos. "Galla i ennill mwy os helpa i gyda'r gwaith tŷ. Weithiau dw i'n ei wario fe ar gacennau o'r siop fara, ond fe fydda i'n lico cynilo i brynu rhywbeth mawr."

Pe bai Serena'n cael tri dymuniad ...

"Licen i'n fawr tase diwedd ar ryfela. Sa i'n siwr a licen i fod yn enwog a chyfoethog, achos byddai newyddiadurwyr ym mhob man. Licen i tase Mam dipyn bach yn ifancach, achos mae hi'n dweud ei bod hi'n hen iawn, iawn. A licen i tase un o'n storïau i'n dod yn wir – ond dim yr un am y blaidd-ddyn!"

Luke

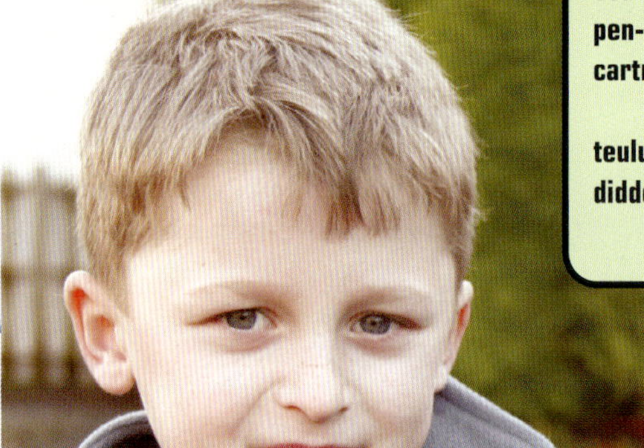

oed	9
pen-blwydd	Mawrth
cartref	pentref ar lan Afon Menai ar Ynys Môn
teulu	rhieni a brawd, 5
diddordebau	hel wystrys, marchogaeth, clarinét, seiclo ac arlunio

“Mae pobl Ynys Môn yn wahanol i bobl eraill Cymru gan eu bod i gyd yn siarad Cymraeg!”

Luke

Cymraeg fydd Luke bob amser yn ei siarad hefo’i fam a’i frawd bach Ioan. Ond pan fydd o’n sgwrsio â’i dad a thad ei dad, Grandad, sy’n dod o’r Iseldiroedd, yna Saesneg fydd o’n siarad.

Cerdded i’r ysgol

Er mai yn y dosbarth derbyn y mae Ioan, bydd yntau a’i frawd mawr Luke yn cerdded i’r ysgol ac adre hefo’i gilydd bob dydd. “Faswn ni ddim yn meddwl am fynd mewn car. Rydan ni’n byw yn ddigon agos beth bynnag,” meddai Luke. “Mae Ioan yn hogyn da fel arfer, ond mae’n gallu bod yn ddrwg a byddwn ni weithiau’n ffraeo, yn enwedig wrth chwarae ar y Playstation.”

Canu’r clarinét

Mae Luke wrth ei fodd yn canu’r clarinét. “Dw i newydd berfformio deuawd hefo ffrind mewn gwasanaeth diolchgarwch yn y capel. Roedd Mam yn arfer chwarae’r soddgrwth pan oedd hi yn yr ysgol, felly mae’n siŵr bod cerddoriaeth yn fy ngwaed. Ond dw i’n falch iawn fod y clarinét dipyn yn llai o faint na’r soddgrwth, ac yn haws o lawer i’w gario.”

Titch

Mae Titch y ci defaid yn byw ar fferm taid a nain Luke. “Nain wnaeth ei achub o rywle flynyddoedd yn ôl, ac mae’n hollol hapus yn y sied tu allan a fydd o byth bron yn dod i’r tŷ,” meddai Luke. “Er ei fod tua pymtheg oed, mae o wrth ei fodd yn mynd am dro hefo fi, a dw innau’n hoff iawn ohono fo. Ond rhaid i mi ei gadw ar y cortyn bob tro, gan ei fod yn fyddar iawn a ’tae o’n mynd ar goll, fydda dim pwynt i chi ei alw o gan na fydda fo’n eich clywed.”

Nid dim ond reidio beic

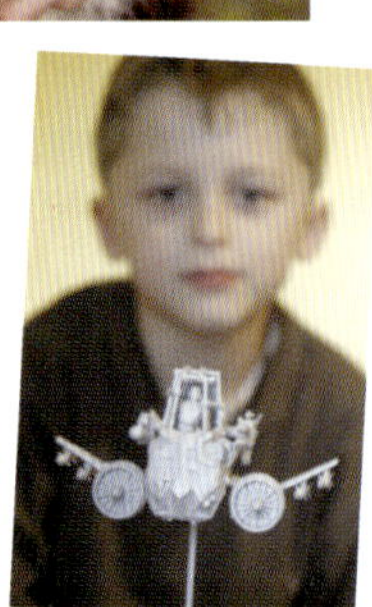

Mae Luke yn artist arbennig o dda, ond mae hefyd yn hoff iawn o fynd am dro ar ei feic. “A weithiau, fydda i’n marchogaeth mewn canolfan geffylau yn ymyl fan’ma. Dandy ydy enw’r gaseg fydda i’n ’i reidio fel arfer. Mae hi’n fawr iawn, ond yn glên – a fydda i bob amser yn teimlo’n saff ar ei chefn hefo fy helmed a menig arbennig. Mae yna geffyl yn y cae y tu ôl i’r tŷ hefyd. Nid ceffyl ydy o, ond staliwn, ond mae o’n rhy fach ac yn rhy fudr i chi fod eisiau ’i reidio fo. ‘Microchip’ ydy ei enw fo. Er ei fod o’n wyn, mae o mor hoff o rowlio yn y mwd nes ei fod o’n debycach i liw cyflath. Ac mae’n gwirioni ar afalau a polo mints.”

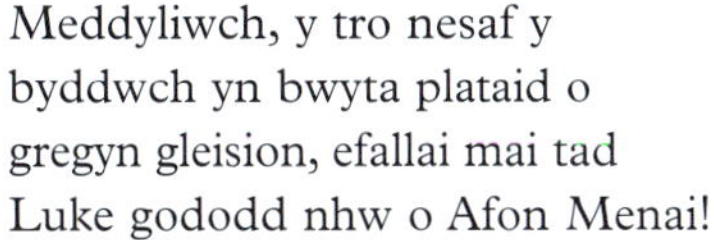

Pizza mewn bocs

Hoff fwyd Luke ydy *pizza*. "Y rhai sy'n dod mewn bocs fydda i'n licio, nid y rhai mae Mam yn eu gwneud. A tiwna ydy'r *topping* sydd orau gen i," meddai. Mae wrth ei fodd gyda physgod a bwyd môr o bob math, ac yn hoff iawn o gregyn gleision. Diolch byth am hynny o ystyried beth yw gwaith ei dad!

Cregyn gleision a wystrys o'r Fenai

Gallech ddweud mai ffermwr ar Afon Menai ydy tad Luke. Ond yn lle magu defaid neu wartheg i'w gwerthu, mae o'n magu cregyn gleision a wystrys i'w gwerthu i'w bwyta. Bydd ei dad – a Luke hefo fo weithiau – yn mynd â'i gwch ar hyd y Fenai, gan ddefnyddio treillrwyd, sef teclyn metel i grafu'r cregyn gleision o wely'r môr i mewn i rwyd.

Mae'r wystrys ar y llaw arall yn tyfu wrth ymyl y lan, a phan fydd y llanw ar drai, bydd Luke a'i dad yn medru eu casglu heb ddefnyddio'r cwch. Mae'r Fenai yn lle heb ei ail ar gyfer wystrys. Yn wir, tad Luke ddaeth o hyd i'r wystrysen fwyaf yn Ewrop. Gallwch chi ddarllen amdano yn y *Guinness Book of Records* diweddaraf.

Meddyliwch, y tro nesaf y byddwch yn bwyta plataid o gregyn gleision, efallai mai tad Luke gododd nhw o Afon Menai!

Trysor y perlau

Os mentrwch chi agor wystrysen rhyw dro, efallai y byddwch yn ddigon lwcus i ddod o hyd i berl y tu mewn iddi.

"Mae Dad a finna wedi ffeindio llawer o berlau bach gwyn yn rhai o'r cregyn, ac wedi'u cadw nhw mewn pot bach gwydr sydd ar y silff ben tân. Dydyn nhw ddim yn werthfawr iawn fel rhai o berlau mawr y byd, ond maen nhw'n

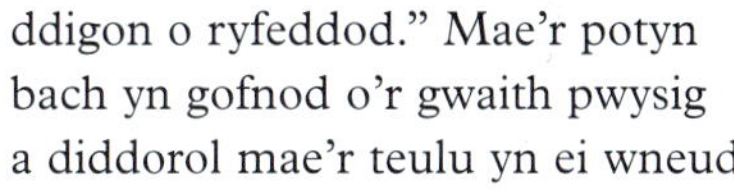

ddigon o ryfeddod." Mae'r potyn bach yn gofnod o'r gwaith pwysig a diddorol mae'r teulu yn ei wneud.

Y nyrs orau yn y byd

Nid tad Luke yw'r unig un o'r teulu sy'n gweithio. Mae gan ei fam hefyd swydd bwysig iawn. Nyrs ydy hi, dros bont Menai ym Mangor, a phan fydd Luke weithiau'n sâl, bydd o'n hynod o ddiolchgar mai nyrs yw ei fam. "Dad ydy'r pysgotwr gorau ar y Fenai, a Mam ydy'r nyrs orau yn y byd!"

A wyddost ti?

- pe baet yn bysgodyn, byddet wrth dy fodd yn y Fenai gyda digonedd o fwyd a ffrindiau diddorol. Oherwydd llanw a thrai a llif arbennig y môr yno, ac am resymau amgylcheddol eraill, mae Afon Menai yn gartref i sawl creadur prin yn ogystal â physgod mwy cyffredin fel ysbinbysg, slywen fôr a phenfras. Ond byddai'n rhaid i ti watsiad dy hun rhag biolegwyr môr y Brifysgol ym Mangor – efallai y byddant am dy biclo er mwyn d'astudio!
- y gelli di ymweld â Gŵyl Wystrys ym Mae Trearddur bob hydref, ble gelli di fwyta llond dy fol o gregyn gleision neu wystrys.
- mai cychod fferi oedd yn mynd â phobl dros y Fenai i Ynys Môn cyn i'r ddwy bont gael eu hadeiladu. Byddai anifeiliaid mawr fel gwartheg a cheffylau yn cael eu harwain dros y tywod ond byddai'n rhaid iddyn nhw nofio drwy'r sianelau dyfnaf!

Sophie

“Mam ni yw’r fam orau yn y byd. Hi sy’n gwneud popeth droston ni. Mae’n cadw ni’n lân ac yn rhoi bwyd iach i ni, fel ffrwyth a phasta a llysie a thatws pôb gyda tiwna. Mae hi wastad wedi ishe mynd i Baris ac os bysen i’n ennill y loteri, fe fysen i’n ei hala hi yno.”

Sophie

oed	9
pen-blwydd	Mai
cartref	stad dai ger Llanelli, Sir Gaerfyrddin
teulu	rhieni a phedair chwaer, 12, 4 (gefeilliaid) a 2
diddordebau	rygbi, pêl-droed, seiclo, ffidil a chwarae gyda ffrindiau

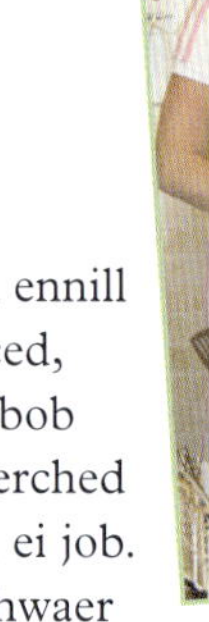

Teulu mawr

Mae Sophie yn perthyn i deulu mawr lleol. Mae wrth ei bodd gyda’i dwy llys-chwaer a’i thri nai ifanc, yn ogystal â’i phedair chwaer llawn. Mae tad ei mam yn byw lan yr heol. “Mae Dad-cu yn siarad Cymraeg, fel fy mam-gu a fy hen fam-gu sy’n byw ym Mhontarddulais, ond dw i ddim yn gallu siarad Cymraeg yn dda iawn. Fi’n dwlu ar fy nhad-cu. Mae e wedi bod yn dost a dyw e ddim yn cael gweithio nawr. Gan fod Dad bant lot a Mam yn gweithio, Dad-cu yw’r un sy wastad yno i ni. Fe sy’n mynd â fi i hyfforddi, ac mae’n gofalu am ei deulu bach ei hunan, hefyd.”

Rhannu ystafell wely

Mae Sophie yn rhannu ystafell wely gyda’r efeilliaid, Chloe a Danielle, a Jorja, sy’n ddwy. “Mae fy nillad a ’mhethau i yno i gyd, wedyn mae ffrindiau yn gallu dod yno i chwarae,” meddai Sophie. “Mae’r merched eraill yn cadw’u pethau lawr llawr.”

Er mwyn ennill arian poced, mae gan bob un o’r merched ond Jorja ei job. Jessica, chwaer hynaf y teulu, sy’n cadw trefn yn y gegin. Yr efeilliaid sy’n gyfrifol am glirio eu teganau. Bydd Sophie’n ennill £2 yr wythnos am wneud ei gwely, agor y llenni a thacluso.

Brecwast ysgol

Bydd Sophie’n cael ei brecwast yn yr ysgol – sudd afal, tost a ffrwyth neu iogwrt – yn ogystal â chinio. “Erbyn hyn mae cinio ysgol wedi gwella lot, ond dw i bach yn ffwslyd am fwyd. Mae’n gas gyda fi ginio twym sydd wedi oeri achos ’i fod e wedi cael ei roi ar y plât cyn i ni gyrraedd.”

Yr ysgol

Mae Sophie wrth ei bodd yn cymryd rhan mewn gweithgareddau ysgol fel rygbi, pêl-rwyd, y gerddorfa a’r côr. Ei hoff bwnc yw mathemateg. Am 20 ceiniog, fe brynodd Sophie ffeil fathemateg enfawr yn llawn o daflenni gwaith oddi wrth gyn-ddisgybl.

“Fe alla i wneud y gwaith yn y tŷ a wedyn fe alla i helpu fy chwiorydd bach,” meddai. Mae Sophie yn meddwl y byd o’i hathrawes, hefyd. “Dw i yn ei pharchu achos er bod hi’n eitha *strict*, dyw hi ddim yn *bossy*. Ac os byddwch chi’n gwneud rhywbeth yn reit, mae’n dweud: ‘Gwych!’”

✓Llyfrau cyfair

Peth arall mae Sophie yn ei hoffi yw chwilota mewn llyfrau cyfair. "Fi wedi dysgu am y frech wen, y cowpog a morwynion llaeth. Os odd gyda chi lympiau gwyn maint 20 ceiniog ar eich corff, fyddech chi byth yn cael y frech wen. Byddai morwynion yn datblygu'r lympiau ar ôl godro am flynyddoedd. Doctor o'r enw Jenner wnaeth ddarganfod brechiad, ac odd y rhan fwyaf o ddoctoriaid eraill ddim yn 'i gredu pan ddwedodd e y byddai tynnu stwff o lympiau'r morwynion a'i roi e ar bobl eraill yn stopo nhw rhag cael y frech wen."

✓Rygbi

Yn ogystal â chwarae rygbi yn yr ysgol, mae Sophie hefyd yn aelod o glwb lleol. "Mam sy'n talu i fi gael mynd bob wythnos. Oni bai amdani hi fydden i ddim yn gallu mynd. Dw i'n hyfforddi ganol wythnos, ac ar ddydd Sul fel arfer bydd gêm gartre neu bant yn rhywle fel y Mwmbwls neu Ben-y-groes. Dw i'n flaenwr yn yr ail reng. Dw i'n dda am rycio. Yr wythnos yma, ro'n i'n teimlo'n falch iawn achos dwedon nhw bo fi'n ardderchog. Rodd arfer bod ofn arna i, ond nawr, achos bo fi'n meddwl bo fi'n gallu llwyddo, dw i wir wedi gwella."

✓Hwyl ar y penwythnos

Pan fydd Sophie yn mynd allan gyda ffrindiau, mae wastad yn gorfod dweud wrth ei mam i ble mae hi'n mynd. Os bydd hi'n dywydd braf, bydd hi'n mynd ar ei beic ar lwybr yr arfordir sy'n arwain i Barc Gwledig Pen-bre, neu ar ddydd Sadwrn efallai y bydd hi a'i mam yn mynd i farchnad Llanelli, efallai i ddewis dillad. Weithiau daw ffrindiau ati i'r tŷ i chwarae ar y trampolîn yn yr ardd, neu lan lofft os bydd hi'n wlyb. "Byddwn ni'n gwneud lluniau gyda phethau crefft o'r Early Learning Centre, pethau fel cregyn a ffigurau a siapiau," meddai Sophie.

✓A sbri ar wyliau

Weithiau bydd y teulu'n mynd am daith diwrnod i rywle fel Legoland yn Windsor neu barc tir gwlyb Penclacwydd. Ond gwyliau gorau Sophie oedd pythefnos ar y Costa Brava. "Gethon ni bancos bob bore i frecwast. Ro'n i'n hoffi'r bwyd er bod e ddim cystal â bwyd Mam. Odd yna ddigon o bethau i'w gwneud, hefyd; enilles i'r gêm hoci ac enillodd fy wncwl i – sy'n wyth! – y ffwtbol. Ac fe ddysges i eiriau Sbaeneg fel *gracias* am 'diolch' ac *hola* am 'helo'."

A phan fydd Sophie'n fawr

Yn ôl ei mam-gu, fe ddylai Sophie fod yn trin gwallt neu yn gantores. "Dw i'n ddwl am 'kareoke' a chanu pethau fel 'Country Roads' a chaneuon Lizzie McGuire," meddai Sophie.

Efallai, rhyw ddiwrnod, bydd enw Sophie yn y siartiau pop!

A wyddost ti?

- fod un o ganeuon enwocaf rygbi, 'Sosban fach' â chysylltiad â Llanelli? Tua 150 mlynedd yn ôl, Llanelli oedd pencadlys y diwydiant tun ym Mhrydain. Aeth sosbenni, offer coginio, caniau a blychau o ffatrïoedd lleol ar draws y byd o ddociau Llanelli. Ac os ei di i Barc enwog y Strade, fe weli di siapiau sosban ar ben y pyst gôl yno.
- fod Sophie'n medru edrych o'i thŷ hi dros y tir lle bydd stadiwm newydd i dîm rygbi'r Scarlets yn cael ei adeiladu. Bydd gan Sophie olygfa wych!
- fod cwmni cynhyrchu teledu mwyaf Prydain y tu allan i Lundain wedi'i sefydlu yn Llanelli? Ei enw yw Tinopolis. Dyna beth fyddai pobl Llanelli yn galw'r dre pan oedd y diwydiant tun ar ei anterth yno.
- fod gan Tinopolis adran animeiddio sydd o dan ofal Dave Edwards, y dyn a ddyfeisiodd 'Superted'?

Gruffudd

“Dw i wrth fy modd ar fferm Taid a Nain gyda’r buchod a’r defaid. A dw i’n hoffi mynd i’r Llyfrgell Genedlaethol yn Aberystwyth weithiau i weld lluniau – a sglefrio ar y llawr pren!”

Gruffudd

oed 9
penblwydd Awst
cartref pentref yng ngogledd Ceredigion
teulu rhieni a brawd, 4
diddordebau anifeiliaid anwes a fferm, adar, rygbi a phêl-droed

Gruffudd a’i deulu

Cymraeg fydd Gruffudd bob amser yn siarad gyda’i rieni a Harri, ei frawd bach, sy’n hoff iawn o bêl-droed a dawnsio bale. “Ond weithiau bydd Harri’n dweud rhai geiriau yn Saesneg, achos fod yna lawer mwy o blant sydd ddim yn siarad Cymraeg yn y dosbarth derbyn na phan oeddwn i yno,” meddai Gruffudd.

Gan fod ei dad â swydd arbennig gyda’r heddlu, mae Gruffudd yn teimlo’n sensitif i rai pethau sydd yn y newyddion. “Dw i’n anghyffyrddus pan fydda i’n mynd i’r dre ac yn gweld pobl yn eistedd o gwmpas yn yfed, neu’n gwisgo’n od,” meddai. “Ond mae’n pentre ni’n lle saff, dim ond i chi gymryd gofal wrth gerdded ar y bont, achos y ceir. Un noson fe fethodd lori’r tro, a bwrw car. Glywes i glec fawr am dri o’r gloch y bore. O’n i’n meddwl mai un o’r cathod o’dd e!”

Anifeiliaid anwes

Lwcus bod Gruffudd mor hoff o anifeiliaid. Mae e a Harri yn rhannu tŷ gyda saith o anifeiliaid anwes. Dyma nhw:

- 3 chwrcyn, Reg, Jac a Sid (cath wryw yw cwrcyn)
- 3 physgodyn aur, Iestyn, Idwal ac Ifan
- 1 bochdew, Caradog (sy’n byw yn ystafell wely Gruffudd)

... ac anifeiliaid fferm

Ar y fferm, bydd Gruffudd yn helpu gyda’r anifeiliaid. Un o’i atgofion gorau yw amser geni oen bach.

“Ro’dd rhaid cael gwellt i gael y brych oddi ar drwyn yr oen i’w gael e i anadlu, a rhoi’r ddafad o’i flaen e i’w lyfu. Ro’n i’n teimlo mor hapus ac mor falch bo fi wedi gallu’i dynnu fe mas,” meddai Gruffudd. “Ond fydden i ddim am fod yn fet, chwaith, achos dw i ddim wir yn hoffi gweld gwaed. Rhyw ddiwrnod, fydden i’n hoffi bod yn ffarmwr. Ond fydd ’na ddim ieir na hwyaid, rhag ofn i lwynog ’u dala nhw.”

Adar mân a mwy o faint

Mae gan dad-cu a mam-gu arall Gruffudd fferm hefyd. Mae honno'n gynefin i wyth deg barcud coch. Dyna sut y dechreuodd Gruffudd gymryd diddordeb mewn adar. Unwaith bob pythefnos bydd y teulu'n mynd i wylio adar yng Ngwarchodfa Natur Ynys-Hir, sydd dan ofal yr RSPB.

"Weles i wyddau Canada, adar bach fel y titw tomos, a rhai mwy, fel y crëyr glas a'r storc."

Awyr iach

Byddai Gruffudd yn treulio trwy'r dydd y tu allan pe bai'n gallu. Pan na fydd ar y fferm neu'n gwylio adar, mae'n chwarae rygbi i dîm Aberystwyth neu i dîm yr ysgol, a phêl-droed i'r ail dîm. Enillodd bum medal am chwarae pêl-droed, ac y llynedd, enillodd gwpan Chwaraewr y Flwyddyn am ei waith fel gôl-geidwad.

"Fuon ni ddim yn dathlu fel teulu. Dw i ddim yn lico ffys," meddai Gruffudd. "Well gen i rygbi, a dweud y gwir. Chi'n gallu mynd mewn i'r baw, ac mae'n fwy ryff. Gareth Thomas, Dafydd Jones a Shane Williams yw fy arwyr i achos bo nhw'n chwarae'n dda. Ond dw i ddim yn hoffi chwaraewyr sy'n cico pobl."

Taro bargen

Mae Gruffudd bob amser yn barod i helpu yn y tŷ. "Os bydd Mam mewn hwyliau drwg, dw i'n sylwi ar hynny. A dw i'n gofyn iddi alla i ei helpu."

Weithiau, gyda rhai o'r jobsys, bydd e'n dod i gytundeb. Er enghraifft, os bydd e'n barod i hwfro'r dail yn yr ardd, bydd ei fam a'i dad yn cytuno i brynu anrheg iddo. Mae hwfro'r dail yn dipyn o waith sy'n cymryd sawl diwrnod, felly mae'n dewis 'bancio'r addewid' nes bod ganddo ddigon i gael crys rygbi neu bêl-droed newydd.

"Dw i'n hoffi coginio, hefyd. Dw i'n lico gwneud bwyd sbeisi fel cyri a *chili*. Neu fe wna i gacen a tharten afal."

Yn yr ysgol

Erbyn hyn, mae Gruffudd yn hapus iawn yn yr ysgol, ond roedd yna amser pan nad oedd e mor hapus. "Pan o'n i ym Mlwyddyn 4, fe ges i fy mwlio. Ddwedes i wrth Mam a Dad am ddweud wrth yr athrawes. Wedyn, stopiodd y bwlian yn syth."

Y llynedd, fe ddaeth Gruffudd yn ail yn eisteddfod yr ysgol yng nghystadleuaeth y Gadair. Roedd rhaid iddo gyfansoddi cerdd am 'Y Drws'.

"Dw i'n hoffi darllen llyfrau doniol a barddoniaeth, pethau fel 'Hen Wragedd a Ffyn' ac 'Eira Gwyn' a 'Tabledi Gwneud-i-chi-wenu'. Daeth Tudur Dylan i'r ysgol pan o'dd e'n Fardd Plant Cymru, i ysgrifennu cerddi Calan Gaeaf gyda ni. Mae gan ein hysgol ni gylchgrawn o'r enw *Cario Clecs* sy'n dod allan unwaith y flwyddyn. Ry'n ni'n ysgrifennu tri pheth, ac yna bydd Mr Jones yn dewis un darn i fynd yn y cylchgrawn."

A wyddost ti?

- fod nifer o drysorau'r genedl yn y Llyfrgell Genedlaethol? Mae pobl yn teithio o bob cwr o'r byd i weld llyfrau hynafol a llawysgrifau prin fel Llyfr Du Caerfyrddin, Cyfreithiau Hywel Dda, Beibl William Morgan a thestun 'Hen Wlad fy Nhadau'. Os byddi di am chwilota hanes dy hen hen hen nain, neu am wrando ar lais Richard Burton, dyma'r union le i ti.
- fod yna drysorfa o fath arall yng Nghors Fochno, sy ddim ymhell o gartref Gruffudd? Mae'r gors yma'n ymestyn at y môr ger Ynys Las. Dyma'r unig ardal gadwraeth yng Ngyhymru sydd o dan ofal UNESCO. Mae'n gynefin unigryw sy'n gartref i bob math o bryfed, planhigion, adar a chreaduriaid prin, ac os byddi di'n lwcus, efallai y gweli di ddwrgwn yno – neu lyffant du fel yr un yn stori enwog Eryr Gwernabwy.
- Er bod trafod y bwlian gyda'i rieni wedi bod yn syniad ardderchog i Gruffudd, mae rhai plant yn methu gwneud hynny. Gallant siarad yn gyfrinachol gydag oedolyn trwy ffonio Childline 0800 1111.

Teithiau teulu

Weithiau, bydd y teulu'n mynd am dro i Fachynlleth i siopa, neu i'r Ganolfan Dechnoleg Amgen gerllaw. Yno bydd Gruffudd wrth ei fodd yn chwarae â'r peiriant creu trydan, a'r twnnel pryfed dan ddaear. Weithiau bydd e'n cael mynd i weld arddangosfa yn Llyfrgell Genedlaethol Cymru, lle mae ei fam yn swyddog celf. Hi sy'n gofalu am y casgliad darluniau gwerthfawr yno.

"Weles i arddangosfa Paul Robeson, ond ddim un John Charles," meddai Gruffudd. "Mae'n anodd dal i fyny gyda phopeth!"

Tali

oed	9
pen-blwydd	Ionawr
cartref	Y Drenewydd
teulu	rhieni a brawd, 7 a chwaer, 3 – a'r babi newydd, 3 mis oed
diddordebau	marchogaeth ceffylau, gwnïo, crefftau a chwaraeon

Talitha.

"Talitha ydy fy enw go iawn, ond Tali fydd pawb yn fy ngalw i. Ro'n i'n arfer byw yn Hampshire, ond gan fod Mam yn Gymraes, symudon ni i Gymru pan ro'n i'n chwech mlwydd oed. Roedd hi'n neis yn Lloegr, ond mae'n llawer harddach fan hyn."

Rhieni Tali

Daeth ei rhieni i adnabod ei gilydd mewn coleg celf. "Roedd Mam yn arfer gwerthu lluniau nes iddi ddechrau cael babis," meddai Tali. "Mae'n gobeithio ailddechrau a throi'r garej yn stiwdio rhyw ddiwrnod. Arlunydd oedd Dad hefyd ers talwm, ond gan ei fod o'n ennill fawr ddim, aeth o i fyd rheolaeth busnes; ond rŵan mae o'n weinidog! Mae o wrth ei fodd a dw i'n falch iawn ohono fo. Mae'n gallu dod â'r Beibl yn fyw a helpu pobl i ddeall y darnau doedden nhw ddim yn eu deall o'r blaen."

Isaac ac Isabelle

"Mae fy mrawd bach, Isaac, yn artist gwych ac mae'n hoffi chwaraeon. Rydan ni'n dod ymlaen yn eitha da, ond nid drwy'r amser! Mae Isabelle yn hoffi moch – rhai go iawn – a chanu a dawnsio. Mae'n siarad fel pwll y môr ac yn hoffi canu '*Twinkle, twinkle little star*'. Ond mae'n gallu fy ngwylltio i weithiau pan fydd hi'n gwneud llanast o mhethau i."

Israel

Mae gan Tali deulu yn Israel. "Es i yno unwaith pan ro'n i'n ddwy flwydd oed, ond dw i ddim yn cofio llawer. Dw i'n meddwl mod i'n cofio rhywle oedd yn llawn o goed gyda phomgranadau anferthol arnynt, a dw i wedi gweld ein lluniau o raeadrau hyfryd ynghanol yr anialwch, lle roedd Dafydd Frenin wedi cuddio rhag Saul. Mi fyddwn i wrth fy modd yn cael mynd yn ôl yno."

Ceffylau

Ers iddi gael ei rhoi ar gefn ceffyl yn dair neu bedair oed, mae Tali wedi bod wrth ei bodd yn marchogaeth. Mae'n cael gwersi unwaith yr wythnos ac yn cynilo ar gyfer prynu ei cheffyl ei hun. "Mae Dad yn deud y gwnaiff o ddyblu beth bynnag fydda i wedi ei gynilo. Mae ceffylau Arab braidd yn ddrud, felly mae'n siŵr mai ceffyl mynydd Cymreig ga' i." Ei syniad hi o nefoedd fyddai bod ar ei phen ei hun bach mewn llond cae o ebolion.

Canu, gwnïo a chwaraeon

Doedd dysgu Cymraeg ddim yn anodd. "Roedd fy ffrindiau'n ei wneud o'n hawdd i mi," meddai Tali. "Rŵan dw i'n mwynhau cystadlu'n yr Eisteddfod, yn enwedig y cystadlaethau canu a chrefft. Daeth côr yr ysgol yn gyntaf yn Eisteddfod yr Urdd, Caerdydd, ac fe ges i wobr gyntaf a thlws am fy nhecstiliau. Dw i wrth fy modd yn gwnïo; mae gen i fy mheiriant gwnïo fy hun – hen un Nain. Dw i wedi cynllunio cwrlid gwely i'r babi, Jacob, a gwneud ceffyl pren ar gyfer pen-blwydd Isabelle.

Mae gen i ddigon o amser ar gyfer fy holl ddiddordebau am nad oes ganddon ni deledu, ond rydan ni'n gwylio fideos. Dw i'n hoffi chwaraeon hefyd, ac wedi ennill gwobrau am y naid uchel a'r ras gyfnewid. Gan mod i'n eitha tal, fi yw gôl-geidwad y tîm pêl-rwyd."

Llyfrau

Mae Tali'n hoffi darllen hefyd, ac nid yw'n syndod ei bod hi'n arbennig o hoff o lyfrau am geffylau, o nofelau i *How to Take Care of your Pony*. "Mi fydda i'n eu darllen yn Gymraeg hefyd – mae gen i gopi o *Shani'r Shetland*. Mae llyfrau Cristnogol fel *The Watchmaker's Daughter* a *The Children's Champion* yn fy ysbrydoli hefyd. Mi fydda i wastad yn darllen pentwr o lyfrau ar yr un pryd oherwydd mod i wastad yn colli llyfr pan fydda i hanner ffordd drwyddo!"

Hoff a chas fwyd

"Dw i wedi bod yn llysieuwraig ers pan ro'n i'n chwech. Fe ddes i'n ôl o'r ysgol un diwrnod a chyhoeddi mod i ddim yn mynd i fwyta cig eto. Allwn i ddim peidio â meddwl am yr anifeiliaid druan oedd wedi cael eu lladd. Pan fydd gweddill y teulu'n cael cinio Nadolig, mi fydda i'n cael rhywbeth sbesial fel torth gnau wedi'i rhostio. *Pizza* yw fy hoff fwyd. Dw i hefyd yn mwynhau siocled a *matza brai*, sef bwyd Iddewig sy'n cynnwys darnau o fara croyw wedi eu malu a'u cymysgu gydag wy ac yna'u ffrio gyda sinamon, stiw afal a siwgr. Mae'n frecwast bendigedig."

Pethau pwysig

"Dw i'n meddwl y byd o fy Meibl, a hefyd Miss Bunny, cwningen degan fawr flewog oedd yn arfer bod yn fwy na fi," meddai Tali. "Ces i hi'n anrheg ar ôl cael llawdriniaeth pan ro'n i'n fabi. A dw i'n addoli Skipper hefyd, ci tegan ges i gan Mam pan symudon ni i Gymru."

Anifeiliaid

Mae gan Tali a'i theulu gi a thair cath, a gardd sy'n llawn o adar. Mae hi hefyd yn hoffi eirth. "Pan wyt ti'n gweld arth yn chwarae, mae ei chorff yn anhygoel, ac mor anferthol. Mae'r cenawon bach yn ddel hefyd. Mi wnes i wirioni efo'r ffilm *The Bear*, er ei bod hi'n drist iawn ar y diwedd."

Helpu gyda gwaith tŷ

Dyw smwddio a hwfro'n poeni dim ar Tali. Mae'n hoffi coginio hefyd ac yn dweud ei bod yn gallu gwneud cawl Celtaidd arbennig. Mae'n gwneud cacennau hefyd. "Ond dw i'n gallu bod yn eitha diog. Mae fy llofft i'n llanast yn aml."

A wyddost ti?

- fod arth ddim yn arth os yw hi'n arth koala? Perthyn i deulu bolgodog y cangarŵ mae'r creadur bach annwyl hwn o Awstralia – mae gan y ddau anifail bwtsh cyfleus i gario'u babanod o gwmpas hefo nhw.
- beth i'w wneud petaet ti'n digwydd taro ar arth? Os wyt ti am wybod (ac am ragor o ffeithiau defnyddiol am eirth), chwilia ar wefan www.bearden.org. Gyda llaw, mae eirth yn gwirioni ar fêl, ac weithiau'n cael eu pigo'n gas wrth roi eu pawennau mewn cwch gwenyn.

A dyma jôc am arth:

At bwy fyddai arth yn mynd i gael sythu ei dannedd?

At yr arthodeintydd.

... am Syr Pryce Pryce-Jones a Robert Owen

- Y tro nesaf y byddi di'n prynu rhywbeth o gatalog neu dros y rhyngrwyd, cofia am Syr Pryce Pryce-Jones o'r Drenewydd. Dyma Richard Branson neu Bill Gates Oes Victoria. Fe ddyfeisiodd y syniad o archebu nwyddau drwy'r post, sef eu prynu drwy gatalog ac anfon parseli drwy'r post. Llwyddodd hefyd i farchnata gwlanen y Drenewydd dros y byd. A fe, medden nhw, a ddyfeisiodd y sach gysgu gyntaf.
- Dyfeisydd a diwydiannwr arall o'r Drenewydd oedd Robert Owen. Pan oedd e'n fachgen bach yn y dre dros 200 mlynedd yn ôl, gwelai blant saith mlwydd oed yn gweithio ym melinau prysur y dre yn cynhyrchu'r gwlanen a gariwyd ar y camlesi i bob rhan o Brydain. Pan ddaeth e'n berchennog ar ei ffatri ei hunan yn yr Alban, fe wnaeth ei orau i wella bywyd ei weithwyr a'u plant.

A phan fydd hi wedi tyfu?

Ers talwm, roedd Tali eisiau bod yn beilot neu'n filfeddyg sy'n hedfan. "Es i i sioe awyrennau a chael fy nghynhyrfu'n rhacs gan y syniad o hedfan. Dw i wedi newid fy meddwl bellach oherwydd dw i ddim yn hoffi'r syniad o gael damwain. Does gen i ddim syniad mwnci bellach beth hoffwn i fod!"

Adam

oed	11
pen-blwydd	Ionawr
cartref	Y Barri, Bro Morgannwg
teulu	rhieni a chwaer, 12 a brawd, 5
diddordebau	hoci iâ

"Mae canolfan hoci iâ y Cardiff Devils fel ail gartre i fi, a fy syniad i o nefoedd fyddai llawr hoci iâ mawr!"

Adam

Hoci – ie!

Mae Adam yn dwlu ar hoci iâ. Mae e'n chwarae i dimau dan 14 a dan 16 oed y Cardiff Devils, ac mae'n ymarfer saith niwrnod yr wythnos – wel, bron â bod. "Un nosweth, jyst am newid, dw i'n mynd i sglefrio iâ. Ond nosweithie eraill, hoci iâ. A falle fydd gêm gyda fi wedyn ar y Sadwrn neu'r Sul. A dw i'n chwarae oddi cartre yn Lloegr bob pythefnos. Dw i'n gyfarwydd â mynd bant i chwarae. Dw i wedi bod i'r Iseldiroedd dairgwaith, ac i'r Almaen unwaith."

Yn ddiweddar, fe enillodd Adam wobr am y canolwr gorau mewn twrnament fawr yn Hull. Y wobr oedd crys-t 'All Stars', sydd nawr yn ei ystafell wely gyda 75 o fedalau a gwobrau eraill.

"Fe ges i fy synnu, achos do'n i ddim yn meddwl 'mod i wedi chwarae cystal â hynny," meddai. "Ro'n i'n falch i wneud cystal. Mae pethau fel yna'n bwysig i fi, achos dw i'n berson cystadleuol iawn."

Dechrau chwarae

Fe ddechreuodd Adam drwy chwarae sglefrhoci gyda gang o fechgyn hŷn ar y stryd, pan oedd e tua chwech mlwydd oed. Raced dennis oedd ganddo bryd hynny, a dywedodd y bechgyn eraill wrtho na fyddai'n cael chwarae rhagor os na fyddai'n cael ffon hoci go-iawn. Aeth Adam adref a dweud hyn wrth ei fam.

"O'r diwedd, fe ges i ffon hoci, a dechrau chwarae, a chyn bo hir fe ges i fynd i chwarae i dîm lleol. Yna, gwelodd Dad hysbyseb yn y papur am hoci iâ. Es i am dreialon gyda'r Cardiff Devils, ac fe ges i 'newis. Ro'n i'n saith oed. Penderfynodd y teulu eu bod nhw eisiau gweld gêm, a dyna fe wedyn, meddai Mam. Ro'n ni i gyd yn *hooked*! Mae fy mrawd bach hefyd yn ddwl bost am y gêm, ac mae'r ddau ohonon ni'n ymarfer yn yr ardd ac ar lawr pren y lolfa – lle da! – neu ar draeth y Barri. Roedd Dannielle yn arfer chwarae hefyd, ond nawr mae'n chwarae hoci cae i'r ysgol."

Gêm ddrud

Dyma'r cit sydd ei angen ar Adam i chwarae hoci iâ:

helmed, padiau ysgwyddau, padiau penelin a phen-glin, menig, crys, bocs i amddiffyn mannau sensitif, siorts a bresus, rhwyd warchod, sanau dros badiau crimogau, syspendars, a sgidiau sglefrio.

Costau

y cit:	£600
(angen un newydd bob dwy flynedd)	
esgidiau sglefrio	dros £100
ffon hoci	dros £100
costau hyfforddi	£52 y mis
pob gêm oddi cartref	£25

"Dw i'n lwcus iawn bod Dad a Mam mor gefnogol," meddai Adam. "I dalu am bethau, mae Dad yn gweithio deuddeg awr y dydd i Telecom Prydeinig, a Mam yn helpu yn siop fara Mam-gu. Dw i'n mynd i wersyll hoci yn Toronto, Ontario yn yr haf, a dw i'n barod yn cynilo arian mewn potel ddŵr. Un fawr!"

Hyfforddi

Mae'r Cardiff Devils yn hyfforddi pobl ifanc talentog i fod yn chwaraewyr proffesiynol. Breuddwyd Adam yw mynd i ysgol chwaraeon arbennig yng Nghanada ar ôl Blwyddyn 7. Yno, fe fyddai'n ymarfer hoci bob bore cyn mynd i'w wersi. "Mae'n rhaid i chi gael addysg dda i chwarae hoci iâ," meddai. "Fe fydda i'n aros yn yr ysgol nes 'mod i'n ddigon hen i fynd ymlaen i goleg, achos mae'r NHL (*National Hockey League*) yn dewis chwaraewyr i'r Gynghrair o blith y myfyrwyr gorau yn y coleg. A dw i am gael addysg dda, fel 'mod i'n gallu cael swydd dda ac ennill arian da."

Adam 'Jekyll a Hyde'?

Mae Adam yn honni'i fod e'n fachgen addfwyn iawn fel arfer. "Onest! Ond dw i'n newid i rywun arall ar y cae hoci." Mae'r Adam 'arall' yn mynd i drwbl, weithiau. "Dw i wedi cael gormod o funudau cosb eleni. Ry'ch chi'n gorfod mynd i'r bocs os byddwch chi'n gwneud rhywbeth o'i le."

Yn ffodus, mae'n gallu gadael ei deimladau cas ar y cae. Gartref yn y tŷ, mae Adam yn dda am helpu. Mae e'n golchi llestri, ac weithiau'n glanhau. "Weithiau, bydda i'n golchi'r llestri heb iddyn nhw ofyn." Mae e hefyd yn dipyn o ffrindie â'i frawd bach, ac yn mynd â Rhys i ffair a thraeth Ynys y Barri. Ac yn yr ysgol, lle mae'r ddau yn cael eu haddysg yn yr iaith Gymraeg, mae Adam yn cadw llygad ar ei frawd.

"Bob hyn a hyn yn yr ysgol, mae Rhys yn dod ata i os bydd e'n meddwl bod rhywun wedi bod yn gas iddo fe. Mae e'n dweud 'Dere i roi crasfa i hwn-a-hwn'. Ond dw i'n dweud, 'Na. Cer i ddweud wrth yr athro'. Dw i ddim yn hoffi trais a gynnau, a hoffwn i weld byd lle 'sdim rhaid i neb farw."

Gall Adam ddim newid popeth, ond gobeithio, rhyw ddiwrnod, y bydd e'n gallu chwarae hoci iâ yn broffesiynol.

'Slawer dydd...

- doedd yna ddim tywod melyn ar draethau'r Barri. Glannau llyn mwdlyd oedd yno, lle'r oedd deinsoriaid yn crwydro yn y llaid. Os ewch chi i Graig y Bendrick, y Sili, sydd gerllaw'r Barri, fe allwch chi gamu mewn olion traed deinosor drithroed sydd wedi'u ffosileiddio am byth yn y garreg. Maen nhw i gyd yn mynd i'r un cyfeiriad – efallai ei fod wedi gweld ei ginio!

Bananas, dau David Davies ac un Gwynfor Evans

- **David Davies 1:** a adeiladodd ddociau'r Barri. Ar un adeg, hwn oedd y porthladd mwyaf yn y wlad am fewnforio bananas. Diwydiannwr oedd David Davies, dyn a wnaeth ei ffortiwn o sefydlu rheilffyrdd ac o'r pyllau glo yn y Rhondda. Roedd ei gartref ym mhlasdy Gregynog, ger Llandinam yn Sir Drefaldwyn, ac mae cerfluniau ohono i'w gweld yn y Barri ac yn Llandinam. Rhoddodd ei wyresau, Margaret a Gwendoline, gasgliad gwych o luniau i Amgueddfeydd ac Orielau Cenedlaethol Cymru. Fe allwch chi weld Casgliad byd-enwog Gregynog a chastiau o ôl traed y deinosor yn Amgueddfa Genedlaethol Cymru.

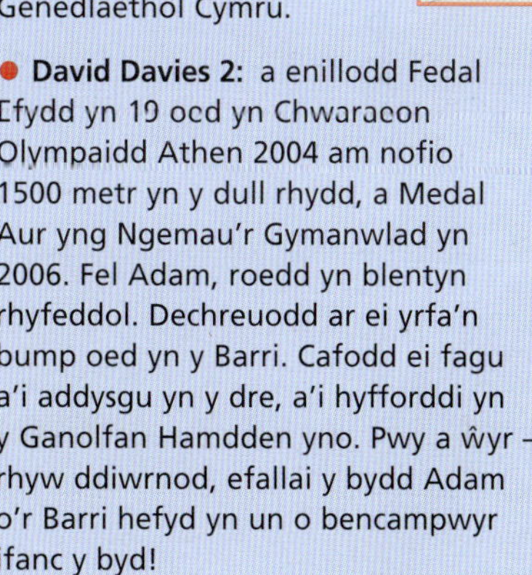

- **David Davies 2:** a enillodd Fedal Efydd yn 19 oed yn Chwaraeon Olympaidd Athen 2004 am nofio 1500 metr yn y dull rhydd, a Medal Aur yng Ngemau'r Gymanwlad yn 2006. Fel Adam, roedd yn blentyn rhyfeddol. Dechreuodd ar ei yrfa'n bump oed yn y Barri. Cafodd ei fagu a'i addysgu yn y dre, a'i hyfforddi yn y Ganolfan Hamdden yno. Pwy a ŵyr – rhyw ddiwrnod, efallai y bydd Adam o'r Barri hefyd yn un o bencampwyr ifanc y byd!

- A **Gwynfor Evans** oedd aelod seneddol cyntaf ac arweinydd Plaid Cymru. Mae'n cael ei ystyried yn un o Gymry mwyaf yr ugeinfed ganrif. Cafodd yntau hefyd ei fagu a'i addysg yn y dre, a'i deulu ef a sefydlodd siop enwog Dan Evans yno ganrif yn ôl.

Lleucu

Lleucu

oed	10
pen-blwydd	Mawrth
cartref	Caerfyrddin
teulu	mam a dwy chwaer, 7 oed
diddordebau	dawnsio gwerin a dawns y glocsen, pêl-rwyd, aelwyd yr Urdd, siopa a chymdeithasu

"Ystyr fy enw i yw 'pelydryn o haul', a dw i'n berson hapus. Os bydd unrhyw un yn gas wrth fy ffrindiau, dw i wastad yn mynd lan a dweud 'Stopwch 'na.' Fy syniad o nefoedd yw lle ble does neb yn cwympo mas."

Lleucu

Teulu a ffrindiau

Mae Lleucu yn byw yng Nghaerfyrddin gyda'i mam a'r efeilliaid, Erin a Ffion. Yn Llundain mae ei thad yn byw. Dyw hi ddim bob amser wedi byw yng Nghaerfyrddin – mewn lle o'r enw Caerffili cafodd hi ei geni, ond symudodd y teulu pan oedd hi'n flwydd oed. Mae Lleucu a'r efeilliaid yn ffrindiau da, ond weithiau maen nhw'n ei blino. "Pan fydda i'n trio gwneud fy ngwaith cartre, maen nhw'n dod i mewn o hyd ac yn cadw sŵn!"

Sut byddai ei ffrindiau'n ei disgrifio? "Fel person bywiog sy'n hoffi gwaith ac sy'n barod i wneud unrhyw beth – da! – maen nhw eisiau," meddai. Ar ei phen-blwydd yn ddeg oed, cafodd Lleucu glwb cysgu.

"Yn y clwb cysgu, ry'n ni'n siarad ac yn mynd i'r gwely'n hwyr a chodi'n gynnar. Ry'n ni'n bwyta losin a chreision. Weithiau byddwn ni'n chwarae gêm fel Monopoly – ond chwaraeon ni ddim lot o gemau eleni, dim ond siarad a chwerthin. Aethon ni i gysgu tua dau o'r gloch a chodi tua hanner awr wedi chwech. Ges i *mobile* yn anrheg pen-blwydd. Dw i'n lico hala negeseuon at fy ffrindiau a chwarae gemau. Ond so ni'n cael mynd â nhw i'r ysgol."

Salwch Mam

Dair blynedd yn ôl, bu mam Lleucu yn dost gyda chanser yr ymennydd. Cafodd driniaeth a chemotherapi i gael gwared ar y tyfiant. Roedd yn rhaid i Lleucu helpu ei thad-cu a'i mam-gu i ofalu am ei chwiorydd. Mae'r teulu newydd gael newyddion da iawn – mae'r canser wedi mynd i gyd.

"Y peth gore sy wedi digwydd i fi yw gweld Mam yn gwella," meddai Lleucu. "Aeth hi'n sâl pan o'n i'n saith mlwydd oed. Dw i'n cofio hi'n mynd i'r ysbyty. Do'n i ddim yn gwybod beth oedd yn digwydd ar y pryd. Dwedodd Mam-gu a Dat-cu bod hi'n dost, ond dyna i gyd. O'dd yr efeilliaid yn gwybod bod Mam wedi mynd yn dost, ac o'n nhw eisiau cwtshad weithiau, achos o'n nhw'n gwybod bod Mam ddim yma. Rhoion ni arwydd yn y ffenest pan ddaeth hi adre. Ro'dd e'n dweud, 'Croeso gartre, Mam'. O'n i'n hapus iawn pan glywes i fod Mam yn well. Roies i gwtshad mawr iddi!"

Mae Mam Lleucu yn gweini mewn caffi yn y dref erbyn hyn. Mae hi wedi codi arian trwy drefnu taith gerdded noddedig, dau gyngerdd a barbiciw i brynu peiriant newydd i Ysbyty Singleton yn Abertawe. "Dw i'n safio arian nawr, hefyd – ry'n ni i gyd yn mynd i Florida flwyddyn nesa i nofio gyda dolffins. Dw i wedi safio dros £20 yn barod a licen i safio £50 i gyd."

Arglwyddes y ddawns

Mae dawnsio yng ngwaed Lleucu – dawnsio gwerin a dawns y glocsen. Mae hi'n dawnsio, roedd ei Mam yn dawnsio pan oedd hithau'n ifanc, ac mae ei thad-cu a'i mam-gu yn dal i ddawnsio! Mae Lleucu yn aelod o gwmni dawns Hafodwennog. Rhaid iddi wisgo esgidiau arbennig o'r enw 'clocsiau', fel y rhai roedd pobl yn eu gwisgo yn yr Iseldiroedd. Mae hi wedi dysgu camau arbennig hefyd – cerdded, sgipio, cam yr hîl, a'r 'pitter-patter'. Hoff alaw Lleucu yw 'Abaty Llanthony', oherwydd y gerddoriaeth a chamau'r ddawns.

"Mae clocso'n eitha rhwydd os y'ch chi'n gwybod beth y'ch chi'n wneud," meddai Lleucu. "Ond dw i ddim am fod mewn grŵp pan fydda i wedi tyfu lan, achos mae'n well gyda fi fod yn agos at Mam."

Yr ysgol

Ym Mlwyddyn 5 mae Lleucu. Doedd hi ddim yn siarad Saesneg o gwbl cyn iddi fynd i'r ysgol feithrin. "Dylai pawb ddysgu Cymraeg. Dyna'r iaith orau!"

Mae ei hysgol yn dda am chwaraeon, ac mae Lleucu'n edrych ymlaen at y flwyddyn nesaf pan gaiff hi gyfle i fod yn nhîm pêl-rwyd yr ysgol. Mae hi'n barod yn chwarae yn safle'r canolwr ac yn y gôl i dîm pêl-rwyd y dref. "Pan fydda i'n fawr, licen i fod yn *air hostess* achos bo fi'n lico teithio – neu efallai'n gyfreithiwr, achos bydde 'na'n jobyn da."

Ar y penwythnos

Mae Lleucu'n mynd i Aelwyd yr Urdd bob nos Wener. Maen nhw'n ymarfer ar gyfer Eisteddfod yr Urdd, yn gwneud chwaraeon ac yn chwarae gemau. Ar ddydd Sadwrn, mae'n hoffi mynd i'r dre i siopa yn Tammy Girl a siopau tebyg. Ar ddydd Sul, bydd hi'n mynd i'r Ysgol Sul, lle mae ei mam-gu yn dysgu rhai o'r plant iau. Weithiau, mae hi'n mynd i'r traeth yn Llansteffan i gasglu cregyn, neu i gerdded i fyny at y castell.

Unwaith, roedd gan Lleucu gi *Alsatian* o'r enw Stella. Buodd Stella farw ryw dair blynedd yn ôl. "O'n i'n teimlo'n drist iawn pan fuodd hi farw. Llefais i yn ofnadwy. Fe fydden i'n lico cael ci arall – *Labrador* tro yma," meddai.

Mae'n hoffi darllen hefyd – llyfrau Enid Blyton, Roald Dahl a T. Llew Jones. Ei hoff stori yw *You Can't Please Everybody* gan Enid Blyton. Mae Lleucu'n cytuno – allwch chi ddim plesio pawb drwy'r amser!

'Slawer dydd...

- Ym 1405, glaniodd 5,000 o Ffrancod yn Aberdaugleddau, Sir Benfro a gwibio draw i Gaerfyrddin. Gyda help Owain Glyndŵr a'i fyddin, cipion nhw'r castell oddi ar y Saeson. Dymuniad Owain oedd i'r Cymry fod yn annibynnol, a chael eu prifysgol eu hunain. Yn y cyfnod hwn, arweiniodd Owain nifer o ymosodiadau gwaedlyd ar drefi caerog ac ar gestyll Cymru. Cafodd ei goroni yn Dywysog Cymru, a chynhaliodd senedd gyntaf Cymru ym Machynlleth. Yn y diwedd, serch hynny, cafodd ei orchfygu, a diflannodd. Does neb yn gwybod beth ddigwyddodd iddo.

- Bron 400 mlynedd yn ddiweddarach, glaniodd y Ffrancod yng Nghymru unwaith eto – yn Abergwaun. Ond y tro hwn, nhw gafodd eu gorchfygu – gan fyddin o ferched a chlamp o fenyw dal, styfnig o'r enw Jemeima Nicholas yn ei harwain.

- Ym 1843, cododd Merched Beca reiat fawr yn nhre Caerfyrddin. Dynion wedi eu gwisgo fel merched oedd Beca a'i dilynwyr. Roedden nhw'n protestio yn erbyn gorfod talu trethi uchel i gael teithio ar yr heolydd. Daeth 400 ohonynt ar geffylau, eu hwynebau wedi eu lliwio'n ddu, ac ymosodon nhw ar y 'wyrcws'. Ond daeth y dragwniaid a'u hel oddi yno. Milwyr ar gefn ceffylau oedd y dragwniaid.

Michael

"Pan dw i yn yr ysgol, dw i'n teimlo fel Cymro, yn arbennig pan fyddwn ni'n dathlu Dydd Gŵyl Dewi Sant, ac yn trafod pethau sy'n digwydd yng Nghymru. Ond tu fas, dw i'n fwy o Sais. O Swydd Gaerloyw mae Mam yn dod, er taw fan hyn mae hi wedi byw bron erioed, ac mae ei thad hi'n dod o Lundain. Ac mae gen i fam-gu sy'n byw ar lan Seisnig Afon Gwy, ond mae ganddi docyn bws rhad ac mae'n gallu taro draw i'n gweld ni unrhyw bryd."

Michael

oed	10
pen-blwydd	Mehefin
cartref	ystad o dai ger Cas-gwent, Sir Fynwy
teulu	rhieni ac un chwaer, 13
diddordebau	trwsio ceir, Y Sgowtiaid, darllen a miwsig Bandiau Mawr

Teulu Michael

Mae Michael yn byw yn y dref a elwir 'Y Porth i Gymru', sy'n enwog am ei chastell a hefyd, 'slawer dydd, am ei diwydiant adeiladu llongau. Codwyd yr ystad dai lle mae Michael yn byw gan garcharorion rhyfel yn ystod y Rhyfel Byd Cyntaf fel cartrefi i weithwyr llongau'r llynges. Genhedlaeth yn ôl, roedd teulu ei dad yn siarad Cymraeg, ond erbyn hyn does yna neb yn ei siarad. Mudodd y teulu yn yr 1970au o Swydd Gaer i weithio yn y diwydiant adeiladu. Yr adeg honno, roedd llawer o dai yn cael eu codi yn yr ardal hon o Sir Fynwy, oherwydd bod angen cartrefi ar ôl i bont newydd dros Afon Hafren a thraffordd yr M4 ei gwneud hi'n haws i bobl deithio rhwng Cymru a Lloegr. Cwrddodd ei fam a'i dad mewn dawns leol.

"Mae Mam yn dweud 'mod i'n Gelt achos bod gen i waed Albanaidd a Chymreig, a dw i wedi fy enwi ar ôl St Michael's Mount yng Nghernyw. Mae gan fy chwaer enw Cernyweg hefyd. Ry'n ni'n deulu eitha mawr, ac mae Mam yn meddwl ein bod ni i gyd yn edrych ac yn byhafio rhywbeth yn debyg i'n gilydd, fel tasen ni wedi dod mas o'r un bocs licyris olsorts."

Saer coed yw tad Michael, ac mae ei fam yn ysgrifenyddes i feddyg teulu. Mae hi hefyd ar fwrdd llywodraethwyr ysgol Michael. Mae Kerensa yn mynd i ysgol gyfun, ac yn helpu Michael i adolygu rhifyddeg pen. "Fel arfer, ry'n ni'n cytuno'n dda," meddai Michael.

Mae'r teulu cyfan yn mwynhau cerddoriaeth. "Mae Kerensa'n canu'r ffliwt. Dw i'n dysgu clarinét yn yr ysgol, a dw i'n dwlu gwrando ar Glenn Miller a miwsig dawns y Bandiau Mawr. Dw i'n esgus taw fi sy'n arwain. Fe ges i dâp o Kenny Rogers gan fy nhad-cu, a dyna sut y gwnes i ddechrau. Ac unwaith, gyda Chyd-Gorau Gwent Fwyaf, fe ganes i'r *Lion King* yn Neuadd Frenhinol Albert yn Llundain."

Tad-cu

Mae Michael a'i dad-cu yn dwlu ar geir. "Mecanic yw Tad-cu. Mae e'n gallu fficso unrhyw beth," meddai Michael. "Ro'dd gyda fe Ford Sierra am tua phymtheng mlynedd, a Ford Fiesta gwerth £20, ond parodd hwnna ddim yn hir. Llosgodd y clytsh. Ro'dd yna Fiat Uno, hefyd, gyda phistons o'dd ddim yn gweithio'n iawn. Mae e'n egluro'r rhannau i gyd, a dweud pethau fel 'O, dyna'r carbiwretor'. Erbyn hyn 'dyw e ddim yn gallu cerdded yn rhwydd, a dw i'n mofyn bara a llaeth iddo fe bob dydd ac mae Mam yn gwneud cinio rhost iddo fe a Mam-gu."

Teithiau teulu

Weithiau bydd y teulu'n mynd am dro i Gasnewydd neu Gwmbrân i siop y Sgowtiaid i brynu dillad. Does gan Michael fawr i'w ddweud wrth ddillad, meddai, ond mae'n hoffi crysau T a throwsus loncian, a chrysau mwyaf diweddar Man United. Mae ganddo rai o'r 1970au. Yng Nghasnewydd, bydd ef a'i dad yn aml yn mynd i weld ffilmiau fel rhai Harry Potter, neu'n mynd ar y fferi ar draws Afon Wysg dan Bont Gludo enwog y ddinas.

Meddai Michael: "Mae'n eitha brawychus achos bod y bont yn crogi ar wifrau ac mae Dad yn dweud pethau fel 'Watsia – bydd e'n disgyn chwap!' Weithiau ry'n ni'n seiclo dros yr hen bont Hafren, neu'n mynd am dro wrth yr aber. Unwaith, ro'dd yna gychod fferi ger Beachley ar ein hochr ni i fynd â phobl draw i Aust ar ochr Lloegr o'r lan."

Yr ysgol

Mae Michael yn hoff o'r syniad o ddysgu a llwyddo. Hoffai fod yn athro ar ôl tyfu'n fawr, er ei fod e'n dweud: "'Dyw plant ddim wir yn gwybod beth maen nhw ishe. Mae gan ein prifathrawes ni arddangosfa o'n gwaith ni sy'n dangos sut gallwn ni wella os byddwn ni'n stico ati. 'Ymestyn at y Sêr' yw'r teitl, ac fe alla i weld sut mae fy llawysgrifen i wedi gwella dros y flwyddyn." Mae Michael yn hoffi darllen, ysgrifennu stori a barddoni, ac fe ysgrifennodd gerdd sydd wedi'i chyhoeddi. "Dw i'n hoffi darllen Harry Potter, (o'dd J.K. Rowling yn arfer byw ffordd hyn), Michael Morpurgo, *The Sleeping Sword*, sydd am y Brenin Arthur – dw i wedi darllen rhain a hen lyfrau Enid Blyton Mam."

Pe bai Michael yn ennill £100,000 ...

... byddai'n rhoi peth arian i'w dad-cu a'i fam-gu a chadw cyfran i dalu ffioedd prifysgol iddo ef a Kerensa. Byddai'n rhoi cyfran hefyd i elusennau fel Ymchwil Cancr, OXFAM, yr NSPCC a'r RSPCA.

A phe bai'n cael tri dymuniad, dyma beth hoffai Michael yn fawr:

- gweld pawb â digon o arian i fyw yn gyffyrddus
- gweld pawb yn cael yr un cyfle i 'Ymestyn at y Sêr'
- gweld pawb yn cael eu trin yn yr un ffordd, heb ots am swydd, crefydd, hil na iaith. "Mae Mam yn dweud ein bod i gyd yn wahanol liwiau o'r un enfys."

Cerdd Michael.

Fish

Bait-eating,
Smooth-moving,
Peculiar-looking,
Eye-popping,
Tank-swimming,
Water-living,
Bubble-blowing,
Scale-shining,
Fast-swimming,
Fish!

- fod pob math o bethau rhyfedd o'r gorffennol wedi'u cadw yn nhraethau lleidiog Aber Hafren? Fel y tri phâr o ôl traed o oes yr arth a'r blaidd, dau'n perthyn i ddynion ac un i blentyn y cafwyd hyd iddynt ger Pwerdy Aber-wysg. Efallai bod eu perchnogion yn chwilio am fwyd, achos gerllaw iddynt roedd matog. Darn o offer o gorn carw coch yw matog, ar gyfer crafu am gocos ar y traeth.
- A phan oedd Canolfan Gelfyddydau Casnewydd yn cael ei chloddio, beth oedd wedi ei chladdu yn y clai ar lan Afon Wysg ond llong o'r Oesoedd Canol. Mae dyddiad y pren yn dangos ei bod wedi ei gwneud o dderwen a dorrwyd rhwng Medi 1465 ac Ebrill 1466. Efallai ei bod yn llong o Bortiwgal, a bod môr-ladron wedi ei dwyn.
- os byddi di am fod yn beirianydd neu'n wyddonydd yr amgylchfyd, fe ddylset ti fynd i ardal Michael. Mae yno bedair enghraifft wych o'r hyn y gall peiriannwyr a gwyddonwyr ei gyflawni wrth weithio ar y cyd. Yn gyntaf, dyna i ti Dwnnel Rheilffordd Hafren, y twnnel rheilffordd hiraf yn y DU. Fe gymerodd dair blynedd ar ddeg i'w adeiladu, ac fe gafodd ei agor ym 1886. Yn ail, mae Pont Gludo Casnewydd, oedd yn ddigon uchel i longau tal hwylio oddi tani, tra oedd hefyd yn cario pobl a cheffylau i'w gwaith ar draws Afon Wysg. Agorwyd hi ym 1906. Ac yn olaf, rhyfeddwch at y ddwy bont osgeiddig dros Afon Hafren. Agorodd y gyntaf ym 1966 a'r ail ym 1996. Mae'r rhain i gyd wedi helpu denu mwy o fusnes a swyddi i dde-ddwyrain Cymru, wrth ei gwneud hi'n haws i bobl a nwyddau deithio.

Lowri

oed	10
pen-blwydd	Mawrth
cartref	ger Dolgellau, Gwynedd
teulu	rhieni ac un chwaer, dau frawd
diddordebau	dringo a rhedeg, actio, karate, darllen, mathemateg a ffasiwn

"Dw i'n hoffi dringo coed a mynyddoedd. Ie, 'Tomboy' dw i, ond dw i'n hoffi pethau 'girly' hefyd, fel dillad trendi a phaentio fy ewinedd. Ar Hana fy chwaer fawr mae'r bai am hynna – mae hi'n ffasiwnaholig!"

Mae Lowri'n ddeng mlwydd oed ac yn byw allan yn y wlad. Wrth droed Cader Idris yn ardal Meirionnydd y mae ei chartref efo'i rhieni, Hana ei chwaer, ei brodyr Ioan a Cai, dwy gath o'r enw Manon a Mabli, cath fach o'r enw Modlen, un bochdew, a Moss y ci. "Mae Manon a Mabli yn ofnadwy o hen am gathod – 14 oed – yn hŷn na fi! Brathodd Moss un o ffrindiau Mam un tro! Ac mae gan Cai fferet o'r enw Mêl, am fod oglau mêl arni. Roedd ganddon ni ddau fochyn *Vietnamese pot-bellied* am flynyddoedd. Maen nhw wedi marw rŵan, ond rydan ni am gael mwy. Os na cha i fod yn actores pan fydda i wedi tyfu, mi fyswn i'n hoffi bod yn filfeddyg."

Fy nheulu

"Mae Mam yn gweithio i'r Cyngor lleol ac yn saethu colomennod clai pan fydd ganddi awr neu ddwy i'w sbario. Mae hi'n dda hefyd. Mae Dad yn athro Celf a Chwaraeon, ac yn ffotograffydd ac yn arlunydd da iawn yn ogystal. Fo sydd fel arfer yn dylunio posteri gŵyl Sesiwn Fawr Dolgellau bob blwyddyn. Dyma beth o'i waith o…

Mae Hana'n 17 ac yn hoffi gwisgo colur a mynd allan. Mae Ioan yn 15 ac yn hoffi beiciau treialon a chwarae rygbi, a Cai yn 13. Mae o'n hoffi dringo mynyddoedd a saethu – a chwarae gyda Mêl, y fferet.

Mae'n dda bod yn fach y nyth; dw i'n cael y sylw i gyd. Dw i'n gallu chwarae'r babi weithiau, ond am fy mod yn treulio gymaint o amser efo plant sy'n hŷn, dw i'n gallu bod yn reit aeddfed hefyd. Yr unig beth drwg ynglŷn â bod yr ieuengaf ydy bod y lleill yn bosio fi o gwmpas, yn enwedig Cai.

Dyma rai o'r pethau dw

✔**Karate** – i amddiffyn fy hun a chadw'n ffit, er dw i ddim yn cael ymarfer gartre, rhag i mi dorri *ornaments* Mam. Belt oren sydd gen i ar hyn o bryd. Dw i'n gobeithio bod â belt du erbyn fy mhen-blwydd yn 13.

✔**Mathemateg** (yn enwedig datrys problemau)

✔**Plycio tiwniau cyflym ar fy ffidil,** sydd yn lliw piws!

✔**Actio**
Dw i wrth fy modd yn actio. Wir-yr. Mae'n well gen i actio rhannau digri. Fedra i'm gwneud pethau trist achos dw i'n cael pyliau o chwerthin. Ges i ran un o'r chwiorydd hyll yn nrama'r ysgol un tro, ac roedd o'n brofiad gwych. A mi ges i ran hen ddynes yn nrama'r capel, ond ro'n i'n siarad braidd yn rhy gyflym. Fy hoff actores i ydy honna sy'n actio Buffy – Sarah Michelle Gellar, ond dw i'n edmygu Catherine Zeta-Jones hefyd.

Mynd i'r Ysgol Sul

Does 'na neb yn fy ngorfodi i fynd, dw i jest yn mynd am fy mod i'n mwynhau. A dw i o hyd yn ledio emyn yn y capel – o'r pulpud! Dydan ni ddim yn deulu crefyddol, fatha deud pader cyn mynd i'r gwely a ballu, ond dw i'n coelio yn Iesu Grist. Fi ydi'r unig aelod o'r teulu sy'n mynd i'r Ysgol Sul. Rydan ni'n canu a gwrando ar straeon am yr ugain munud cynta, wedyn rydan ni'n mynd i'r festri i gael gwersi ar y Beibl, a gwneud modelau a stwff fel 'na. Mae'n hwyl!

Llyfrau ac ysgrifennu

Dw i wedi gwirioni ar lyfrau Harry Potter, a rhai Pippi Hosan Hir hefyd. A dw i'n hoffi ysgrifennu fy straeon fy hun am bethau byd ffantasi, fel gwrachod a swynion a phethau. A dw i'n trio cadw dyddiadur bob dydd. Ond dw i'n aml yn anghofio. Does 'na neb yn cael sbio arno fo, achos dw i'n deud petha am bobl ynddo fo.

Cystadlaethau rasio

Bob blwyddyn, dw i'n rhedeg Ras Llyn Tegid, Ras Cader Idris, Ras yr RSPB ym Mhenmaen-pŵl a Ras y Trên yn Abergynolwyn. Maen nhw i gyd rhwng milltir a phum milltir o hyd, a dw i'n gwneud rhywfaint o ymarfer. Mae pobl saith deg oed yn rhedeg efo fi! Weithiau, mae fy mrodyr yn rhedeg hefyd, ac maen nhw'n dueddol o ennill. Dw i byth yn ennill, ond dw i'n mwynhau'n ofnadwy. Y cymryd rhan sy'n bwysig, ynde?

Helpu Mam

Dw i'n hoffi helpu Mam o gwmpas y tŷ. Twtio fydda i'n ei hoffi fwya, a chadw pethau'n daclus. Ond dw i'n anghofio cadw pethau fy hun weithiau.

Casglu pethau

Mae gen i lwyth o bethau fel 'Beanie Babies' yn fy llofft, ond fy ffefryn yw Pol Pot, y mochyn bach efydd. Doedd Mam ddim isio'i brynu fo i mi, ond mi wnes i ddeud y byswn i'n ei drysori o. A dw i wastad wedi.

A wyddost ti?

- fod Cader Idris yn sefyll 893 metr uwch lefel y môr? A bod Ras Cader Idris yn 10.5 milltir i gyd? Mae'n dechrau ar Sgwâr Dolgellau ac yna mae'r cystadleuwyr yn rhedeg bob cam i gopa'r mynydd ac yn ôl i'r sgwâr. Unwaith, roedd un rhedwr wedi cwblhau'r cwrs mewn 1 awr, 7 munud a 40 eiliad. Mae plant yn rhedeg yn y bore, a'r oedolion yn y prynhawn. Os hoffet ti gystadlu, edrycha ar www.cader-race.co.uk am fwy o fanylion. Efallai y gwnei di dorri'r record!

- fod Dolgellau'n lle ofnadwy ym 1872, yn ôl dyn o'r enw Idris Fychan? Yn y naw ffair flynyddol fyddai'n cael eu cynnal yn y dre, byddai torfeydd o ddynion gwyllt – a merched – yn ymladd â'i gilydd gan ddefnyddio ffyn a cherrig, ac weithiau'n lladd ei gilydd! Byddai ymladd ceiliogod hefyd. Roedd ymladd treisgar yn gyffredin mewn llawer o drefi ond roedd Dolgellau'n enwog am fod gyda'r gwaethaf. Ger y Bont Fawr byddai 'merched anystywallt' yn cael eu clymu i'r 'Gadair Goch' cyn cael eu plymio i bwll dwfn yn yr afon a'u dal o dan y dŵr er mwyn dysgu gwers iddyn nhw. Pam pigo ar y merched, does neb yn gwybod!

Fy nghas beth?

Llond plât o bys sglwtsh – dyna'm syniad i o uffern. A dw i'n casáu gorfod gwneud penderfyniadau. Dw i'm isio gadael neb i lawr, a dw i isio cadw pawb yn hapus. A dyna dw i'n edrych ymlaen ato pan fydda i'n fawr: gallu gwneud penderfyniadau. O, a chael dreifio, wrth gwrs – un ai Land Rover neu Mini Cooper.

Fy syniad i o nefoedd?

Rhywle pinc a fflyffi lle dw i'n bwyta candi fflos (pinc!) drwy'r dydd, ac yn chwarae Monopoly tra bod *Sugar Plum Fairy* Tchaikovsky yn chwarae yn y cefndir. A dw i'n nabod pawb sydd yno."

Portread newydd sbon!

Enw ______________________

Gludio llun fan hyn – ffotograff neu arlunwaith

oed ______________________

pen-blwydd ______________________

cartref ______________________

____

____

teulu ______________________

____

____

diddordebau ______________________

____

____

" ______________________

____

____

____

______________________ "

Llofnod

Teulu, anifeiliaid anwes, y cartref, neu'r ardal

Gludio llun – o anifail anwes, y cartref neu'r ardal

Llun arall – efallai aelod arall o'r teulu

Mae modd argraffu copi o'r 2 dudalen yma oddi ar ein gwefan, www.gomer.co.uk – edrycha ar Adnoddau Athrawon!

A beth am yr ysgol?

Llun fan hyn am yr ysgol neu ddiddordebau

Llun fan hyn am yr ysgol neu ddiddordebau

Fy niddordebau / Fy ffrindiau

Llun fan hyn... efallai i gyd-fynd â'r manylion yn 'A wyddost ti?'

A wyddost ti?

- ____________________
- ____________________

Castell Caernarfon

Caergybi

Ynys Môn

Ynys Seiriol

Llandudno

Prestatyn

Lerpwl

Wrecsam

Caernarfon

Llanberis

Y Fenai

Dinbych

Betws-y-coed

Yr Wyddfa

Parc Cenedlaethol Eryri

Llyn Brenig

Wrecsam

Corwen

Llangollen

Porthmadog

Pwllheli

Cricieth

Penmaen-pŵl

Y Bala

Llyn Tegid

Ynys-hir

Dolgellau

Cader Idris

Llyn Tegid

Abergynolwyn

Y Ganolfan Dechnoleg Amgen

Gwarchodfa Natur Ynys-hir

Y Drenewydd

Llyfrgell Genedlaethol Cymru

Aberystwyth

Theatr Felinfach

Sioe Llanelwedd

Aberaeron

Cei Newydd

Llangrannog

Theatr Felinfach

Llanelwedd

Y Gelli Gandryll

Mynydd Epynt

Llanymddyfri

Niwgwl

Aberhonddu

Tyddewi

Parc Cenedlaethol Arfordir Penfro

Niwgwl

Caerfyrddin

Parc Cenedlaethol Bannau Brycheiniog

Llansteffan

Parc Gwledig Pen-bre

Amgueddfa Genedlaethol y Glannau

Dan yr Ogof

Parc Gwledig Craig-y-nos

Skomer

Skokholm

Llanelli

ABERTAWE

Merthyr Tudful

Aberpennar

Penrhyn Gŵyr

Aberafan

Parc Margam

Stadiwm y Mileniwm

Canolfan y Mileniwm

CASNEWYDD

Cas-gwent

Dinbych-y-pysgod

Port Talbot

Sain Ffagan

CAERDYDD

Afon Hafren

Y Barri

Dinbych-y-pysgod

Stadiwm y Mileniwm

O'r de i'r gogledd, o Fôn i Fynwy

Sain Ffagan

Hoffet ti fod yn Gelt am y dydd? Cael paentio dy wyneb i ddychryn dy elynion a chadw ysbrydion drwg draw, a gwisgo dillad gwlanen a lledr? Fe gei di swatio wrth y tân coed ar ganol y llawr yn y tŷ crwn, a thagu yn y mwg. H'm.

Sain Ffagan

Efallai byddai'n well gen ti droi dy law at daflu potyn mewn crochendy! Neu beth am wisgo fel disgybl yn Oes Victoria ac eistedd tu ôl i ddesg a gwingo o flaen llygaid barcud y sgwlyn? Tybed ai ti fydd yn gorfod gwisgo'r 'Welsh Not' am dy wddf achos bod rhywun wedi dy glywed yn siarad Cymraeg? Yn lle hynny, cer am dro. Hwyrach y bydd yna lond twlc o foch bach neu gae o ŵyn gwanwyn i'w gweld o gwmpas y tai a'u gerddi. Cofia dy dortsh os ei di i'r Ŵyl Galangaeaf. Ym mis Rhagfyr, gelli di ymuno â gweithgareddau traddodiadol y Nadolig, canu carolau a bwyta mins peis. Ym mhle mae'r holl brofiadau rhyfedd hyn i'w cael? Yn Amgueddfa Werin Cymru, Sain Ffagan, ger Caerdydd, lle mae modd gweld sut oedd bobl yn byw 'slawer dydd.

Y Ganolfan Dechnoleg Amgen

A fyddi di a dy deulu'n cadw bob darn o bapur, tun a photel i'w hailgylchu? Oes gennych chi domen o groen tatws, bananas a sbarion tebyg i'w throi'n wrtaith i helpu'r ardd i dyfu'n well? A fyddi di bob amser yn diffodd goleuadau ac yn defnyddio bylbiau hir-dymor? Wel, os felly, rwyt ti'n ailgylchwr penigamp, ac yn effro iawn i effaith llygredd ar fyd natur a'r angen i ni gynilo egni. Fe fyddi di wrth dy fodd yn y Ganolfan Dechnoleg Amgen ger Machynlleth, sy'n dangos sut i fyw heb wastraffu adnoddau prin fel dŵr ac olew, a heb ddifetha'r amgylchedd. Dos yno, ac fe gei deithio ar reilffordd fynydd sy'n defnyddio egni dŵr. Yn y pafiliwn gwynt a'r pwerdy, mae yna weithgareddau sy'n dangos sut i ddefnyddio pŵer y gwynt, y glaw, yr haul a llanw'r môr i greu egni. Hoffet ti yrru bws? Fe gei eistedd yn sedd y gyrrwr i esgus dreifio, a gweld drosot dy hun sut mae carbon deuocsid yn llygru'r awyr.

Y Ganolfan Dechnoleg Amgen

Yr Wyddfa

Fe allet ti ddringo mynydd uchaf Cymru, ond mae'n daith hir ac yn dipyn o her. Y ffordd hawsaf yw ar drên bach yr Wyddfa o bentre Llanberis. Rhyw bum milltir o siwrnai yw hi wedyn i gopa'r mynydd, rhyw 1085 metr uwchben y môr. Wedi cyrraedd y copa, fe elli di (a miloedd o bobl eraill yn ystod yr haf) fwynhau golygfa hollol, hollol wych: mynyddoedd Iwerddon, ynysoedd Môn a Manaw ac arfordir gogledd Lloegr. Yn nes atat, yn gylch enfawr o dy gwmpas, mae yna filltiroedd ar filltiroedd o fynyddoedd, cymoedd, a llynnoedd mawreddog Parc Cenedlaethol Eryri, 'y man lle

Yr Wyddfa

mae'r eryr yn byw'. Roedd pentre Llanberis unwaith yn enwog am ei chwareli llechi, gyda 3000 o ddynion yn gweithio yno. Yn yr Amgueddfa Lechi, cei wybod mwy am fywyd caled y chwarelwyr gynt – ac efallai dysgu sut i hollti llechen.

Eisteddfod Genedlaethol yr Urdd

Dyma ŵyl ieuenctid gystadleuol fwyaf Ewrop. Caiff ei chynnal bob yn ail flwyddyn mewn mannau gwahanol yn y de a'r gogledd, a phob pedair blynedd yng Nghanolfan y Mileniwm yng Nghaerdydd. Bydd miloedd o blant a phobl ifainc yn cystadlu ym mhob maes, gan gynnwys athletau a chwaraeon, dawnsio disgo a gwerin, celf, crefftau, gwyddoniaeth, llenyddiaeth, canu (pop, gwerin a chlasurol), cerddoriaeth offerynnol ac ati. Bu rhai fel Rhys Ifans, Mathew Rhys, Ioan Gruffydd, Bryn Terfel, Tara Bethan a Nia Roberts yn gystadleuwyr yn y gorffennol, a bu perfformio ar lwyfan Eisteddfod yr Urdd yn ysbrydoliaeth i nifer o artistiaid!

Eisteddfod yr Urdd

Llundain
Denmarc (Legoland)
Toronto
Rhaeadrau Niagara
Yr Iseldiroedd
Cymru
Paris
Gogledd America
Ffrainc
Pyreneau
Florida
Costa Brava
Trinidad
De America
Yr Horn

Clywsoch chi sôn gennym ni am...
Y Lapdir
Yr Almaen
Kérkira (Corfu)
Ewrop
Asia
Groeg
Nepal
Iraq
Affrica
Israel
Awstralasia
Brisbane
Sudan
Penrhyn Gobaith Da

"Dw i'n coginio spaghetti a nwdls i ni, a dw i'n hoffi treialu pethau newydd."
Fatima
"Dw i'n gallu gwneud spaghetti bolognese a chacennau."
Siân
"Ar ddiwedd pnawn fe fydda i'n rhedeg i brynu da-da yn siop y pentre."
Siôn Elgan
"Dw i'n hoffi'r brecwast yn Ffrainc – powlen o chocolat a croissant."
Sion
"Pizza yw fy hoff fwyd."
Tali
"Sudd afal, ffrwythau a pasta."
Sophie

Bwyd o bob math

Mae rhagor o ryseitiau oddi wrth y plant a'u teuluoedd ar ein gwefan www.gomer.co.uk – edrycha ar Adnoddau Athrawon!

Cacennau cornfflêcs siocled

Bydd angen:
150g (6 owns) siocled coginio
75g (3 owns) cornfflêcs
1 oedolyn i helpu efallai

Todda'r siocled mewn powlen fach wedi ei rhoi dros bowlen fawr o ddŵr twym iawn, newydd ei ferwi. Yn ofalus iawn, arllwysa'r siocled wedi ei doddi dros y cornfflêcs a chymysgu'n drwyadl. Gyda llwy, rhanna'r gymysgedd rhwng 12 câs papur. Rho nhw yn yr oergell i galedu.

Diolch arbennig i Rhys am roi rysait i ni ar gyfer gwneud cacennau creision ŷd siocled. Dyma rysáit y gallai unrhyw bobydd ifanc gael hwyl yn mentro arni.

"Dw i'n lico gwneud bwyd sbeisi fel cyri a chilli. Neu fe wna i gacen a tharten afal."
Gruffudd

"Dw i'n hoffi gwneud cacennau cornfflêcs siocled."
Rhys

"Os bydda i'n pobi, sbwng blaen fydd hi."
Simeon

"Rwy'n hoff iawn o bysgod a bwyd môr o bob math, yn enwedig cregyn gleision."
Luke

"Fi'n dwlu yfed te, a fi'n mynd â disied i fy stafell."
Arfon

"Rwy'n hoffi pwdinau fel crwmbwl neu deisen afal, a spotted dick. A Turkish Delight."
Robert

Diolch

Cyfarchion oddi wrth yr awduron a fu'n holi'r plant

Meleri Wyn James

"Byddai bywyd yn ddiflas ofnadwy petaem ni i gyd yr un peth – mae bod yn yn wahanol yn medru bod yn beth braf iawn. Hwyl fawr a mwynhewch y llyfr!"

Bethan Gwanas

"Diolch yn fawr i'r criw adawodd i mi holi'r holl gwestiynau gwirion iddyn nhw, a diolch yn fawr i chithau am ddarllen y canlyniad. Mwynhewch – mi wnes i!"

Gwion Hallam

"Oes yna well swydd na hon? Cael sgwennu am blant Cymru mewn llyfr i blant Cymru ac yng ngeiriau plant Cymru eu hunain. Un wlad ond amrywiaeth anhygoel o blant. Diolch i chi blant am ddangos inni eich Cymru chi – a'n Cymru ni."

Elin Meek

"Diolch yn fawr i chi am y croeso hyfryd ac am fyrlymu siarad wrth ateb fy nghwestiynau. Fuodd dim rhaid i mi weithio'n galed o gwbl!"

Eileen Jones

"Diolch am rannu eich bywydau diddorol gyda mi wrth baratoi'r llyfr hwn. Roedd yn hyfryd cyfarfod â chi a'ch teuluoedd, a chlywed am eich profiadau a'ch gobeithion ar gyfer y dyfodol."

Ann Saer

"Blant, rych chi'n werth y byd. Diolch yn dalpe i chi a'ch teuluoedd am adael i mi gael cip ar eich bywydau prysur a difyr ac am fod mor agored am bopeth. Gobeithio y byddwch chi'n mwynhau dod i nabod eich gilydd – a nabod Cymru'n well hefyd!"

Mynegai

Cydnabyddiaethau

Hoffwn ddiolch yn gynnes i'r canlynol am eu cyfraniad gwerthfawr wrth lunio'r gyfrol hon: y rhwydwaith o unigolion a'n harweiniodd at y plant; y tîm o awduron, y ffotograffwyr a'r dylunydd – Olwen Fowler; NSPCC Cymru am eu cyngor a'u cyfarwyddyd; aelodau'r Panel Monitro; Gwasg Gomer am eu cefnogaeth wrth dynnu'r llinynnau ynghyd; ac yn bennaf blant y gyfrol hon a'u teuluoedd am eu croeso a'u cydweithrediad parod.

Ann Saer

Dymuna'r cyhoeddwyr ddiolch i'r ffotograffwyr canlynol am eu gwaith ardderchog: David Barnes; Martin Caveney; Aled Hughes a Gerallt Llywelyn. Diolch hefyd i: Dafydd Iwan am ganiatâd i ddyfynnu o 'Mae'n Wlad i Mi'. Mae'r gân yn addasiad o 'This Land is your Land', Woody Guthrie gan Edward M. Jones, D. Iwan ac A.D. Jones, © Tro Essex Music. Am luniau ar dud.56, diolch i: Theatr Felinfach; Gwersyll yr Urdd, Glan-llyn; Sioned Lleinau; Andy Hay ac 'rspb-images.com'; Cyngor Bwrdeistref Sirol Wrecsam; ac am luniau ar dud. 57, diolch i Amgueddfa Werin Cymru, Sain Ffagan; Y Ganolfan Dechnoleg Amgen; Lluniau Llwyfan.

THE VALE OF GLAMORGAN